光文社知恵の森文庫

河合 敦

日本史は逆から学べ
近現代史集中講義

光文社

本書は知恵の森文庫のために書下ろされました。

はじめに

日本史を現代からさかのぼって理解していこう！

というのが、前著『日本史は逆から学べ』のコンセプトであった。読者には目からウロコの学び方だったようで、おかげさまで好評を博している。

ただ、前著を読んだ方から、学校で教わらなかった近現代史（開国〜現代まで）をもっと詳しく逆から学びたいという意見を多くいただいた。

確かに昔の先生は、縄文時代や弥生時代にやたらと時間を割き、最後は時数が足りなくなって明治時代で授業が終わるパターンが少なくなかった。今では考えられぬいい加減さだが、ちょっと前までは、そんなことが学校現場でまかり通っていた。

歴史を学ぶ意義は、過去の出来事を自分の人生や将来に活かすことにある。

とくに今の私たちに近い近現代の偉人や出来事からは、じつに学ぶべき点が多い。

文部科学省も数年前から近現代重視の方向を強く打ち出し、ついに２０２２年度から近現代の日本史と世界史を融合した『歴史総合』という必修科目を新設する。つまり、すべての高校生が近現代史を勉強することになるわけだ。

そこで今回、そうした読者の声と時代の流れに応えた一冊を刊行することにした。開国から現代までの歴史（約160年）を、理由をさかのぼりながら詳しく、そして、わかりやすく紐解いていこうというのがこの本のテーマである。

本書では、開国から現代までの流れを大きく6章に分けて解説している。

第1章は、皆さんが暮らす現代から出発し、日本がどのように経済大国の地位を築いたのかをすんなり理解できるようになっている。

第2章では、戦後の荒野から復興していく過程を、国際情勢を交えて概観できるよう工夫した。

第3章は、戦争をキーワードとし、なぜ大正期に築き上げた民主主義を手放し、軍国主義に走って破滅的な敗戦に至ったのかを主に経済的な視点から認識できるようになっている。

第4章では、政治の実権を藩閥からうばい、国民が選んだ政党にゆだねようとする庶民の動きに焦点をあててみた。大正時代は15年ほどに過ぎないが、政治史的には大きな転換期ゆえ、他章よりページ数を多く割いて大正デモクラシーと呼ばれる国民の政治への希求を体感できるように配慮したつもりだ。

第5章は、なぜ短期間で日本がロシアと戦って勝つほどの強国になり得たのかを、植民地に転落する危機感に触れながらさかのぼって理解できるように記している。

最後の第6章は、ペリー・インパクトによって危機意識を覚えた若者たちが、約260年の幕藩体制をどのように打破し、近代国家をつくり上げようとしたのかを解説していった。

前著同様、政治史を主軸にしながら、時期によっては経済や諸外国との関係性を重点におきつつ筆を進めた。

また、逆から学ぶことを重視する一方、同時代に他分野（文化、外交、経済、社会など）でどんなことが起こっていたのかについて、テーマ史というかたちで盛り込んだ。

これによって歴史を縦軸と横軸、つまりマトリックス的・面的に理解できるよう配慮した。

本書を一読すれば、知らない間に複雑な近現代史の因果関係がすんなりと頭に入ってくることだろう。こうして得た知識は、あなたの人生に、あるいはビジネスに大いに役立つはず。そう信じて、筆者はこの本を世に出したのである。

河合　敦

2018年10月

目次

はじめに　3

第1章　安倍政権――高度経済成長期の終焉

❶なぜ、安倍政権は長期間（5年超）政権を維持できているのか？　22
↓民主党が弱体化し、自民党に代わって政権をになう野党が存在しないから

❷なぜ民主党政権は崩壊したのか？　26
↓マニフェストを実現できず、震災対応でも失敗したから

❸なぜ民主党政権が誕生したのか？　30
↓所得格差を広げた自民党政権がリーマンショックで失速したから

❹なぜ小泉政権は、福祉を切り捨てたのか？　36
↓長期不況を脱却するため、大胆な民営化と規制緩和をすすめる必要があったから

❺なぜ日本経済は長期的な不況に陥ってしまったのか？　41
↓バブル景気が崩壊し金融機関の経営が悪化、実態経済の不況に波及したから
❻なぜ日本でバブル景気が起こったのか？　46
↓プラザ合意による円高不況から抜けだし、内需主導型産業が活気づいたから
❼なぜ日本はプラザ合意に同意したのか？　50
↓経済大国になった日本が、欧米諸国との貿易摩擦を解消するため
❽なぜ日本は、世界の経済大国になることができたのか？　53
↓石油危機を乗り越え、企業が減量経営やオフィスの自動化に成功したから
❾なぜ高度経済成長が終わってしまったのか？　57
↓ドルショックに加え、石油危機が起こったから
テーマ史1　55年体制の崩壊　62
テーマ史2　東西冷戦の終結　64
テーマ史3　ベルリンの壁崩壊と東欧革命　66
テーマ史4　ソ連の解体　68
テーマ史5　国際テロと日本　70

第2章 高度経済成長期▼終戦

❶なぜ1955年から20年近くも高度経済成長が続いたのか？ 74
↓池田勇人内閣が革新勢力との対決をさけ、経済政策に力を入れたから

❷なぜ池田内閣は、経済政策に重点を置き革新勢力との対決をさけたのか？ 78
↓60年安保闘争により、日本の社会が大きく混乱してしまったから

❸なぜ岸内閣は日米安保条約の改正を強引に進めることができたのか？ 83
↓自民党が一党優位の状態にあったから

❹なぜ保守一党優位の55年体制が確立したのか？ 86
↓社会党の躍進により、日本の経済界が国の社会主義化を心配したから

❺なぜ日本は社会主義陣営との講和を断念し日米安保条約を結んだのか？ 91
↓吉田茂内閣が再軍備の負担を避けて、経済復興に全力を注ごうとしたから

❻なぜアメリカは占領政策を転換し、日本に再軍備と経済復興を促したのか？　96
↓米ソの冷戦が激化し、日本を西側陣営の砦にしようと考えたから

❼なぜ日本は短期間で民主主義・自由主義国家になれたのか？　100
↓アメリカが日本を弱体化させる占領統治方針をとっていたから

❽なぜ日本は連合国に降伏したのに、アメリカに単独統治されたのか？　107
↓太平洋戦争で完膚なきまでに日本を敗北させたのはアメリカだったから

❾なぜ日本は太平洋戦争でアメリカに負けてしまったのか？　112
↓日米で圧倒的な国力の差があったのに戦いを挑んでしまったから

テーマ史6　戦時中の国民生活　116
テーマ史7　占領期の文化　118
テーマ史8　第三世界の動きと原水爆禁止運動　120
テーマ史9　日本独立後の国際条約・協定の締結　122
テーマ史10　沖縄戦と沖縄の本土復帰　124
テーマ史11　消費革命　126
テーマ史12　高度成長期の文化　128

第3章 太平洋戦争勃発 ── 政党政治の終焉

❶なぜ日本は、アメリカとの無謀な戦争を始めてしまったのか？ 132
↓戦争回避のための日米交渉が決裂してしまったから

❷なぜ戦争回避の日米交渉をおこなうほど日米関係が悪化したのか？
↓日本がドイツの連勝に期待して日中戦争を継続し東南アジアへも進出したから

❸なぜ日本は東南アジアへも進出するようになったのか？ 142
↓泥沼化した日中戦争に勝つため、国内の資源だけでは足りなくなったから

❹なぜ日中戦争は泥沼化してしまったのか？ 146
↓近衛文麿が国民政府との外交チャンネルを完全に絶ったから

❺なぜ日中戦争は起こったのか？ 151
↓日本国民が戦争を支持し、蔣介石の国民政府が日本と徹底抗戦すると宣言したから

❻なぜ蔣介石は日本と徹底的に戦う決意をしたのか？ 156
↓張学良らが蔣介石に共産党との内戦を停止し抗日することを決意させたから

❼なぜ張学良らは蔣介石に内戦を停止し日本との徹底抗戦を求めたのか？ 161
↓中国に駐留する日本軍や満州国の関東軍が華北にも侵出するようになったから

❽なぜ日本の軍部は、華北にまで侵出するようになったのか？ 166
↓満州事変をめぐって国際連盟から脱退したことで制約がなくなったから

❾なぜ日本は国際連盟から脱退できたのか？ 170
↓日本国民の圧倒的多数が軍部や関東軍の行動（満州事変）を支持していたから

❿なぜ国民の多くは軍部を支持するようになったのか？ 176
↓汚職を繰り返し、経済を好転させられない政党内閣に失望したから

テーマ史13 山東出兵と満州某重大事件 182
テーマ史14 金融恐慌 184
テーマ史15 ロンドン海軍軍縮条約と統帥権干犯問題 186
テーマ史16 二・二六事件 188
テーマ史17 第2次近衛文麿内閣の成立と日独伊三国同盟の締結 190
テーマ史18 新体制運動の結果、誕生した大政翼賛会 192

第4章 政党政治の終焉——第1次護憲運動

❶ 政党内閣制は、なぜ日本で定着していったのか？ 196
↓大正デモクラシーの高まりの中で、2度の護憲運動を経て国民が「憲政の常道」といわれる状態を強く求めたから

❷ なぜ本格的政党内閣をつくった原敬首相は殺害されたのか？ 203
↓平民宰相と期待された原敬首相なのに普通選挙法の成立に反対したから

❸ なぜ原敬は、首相になれたのか？ 208
↓閥族の寺内正毅内閣が強引に米騒動を鎮圧し、国民が不信感を持ったから

❹ なぜ閥族の寺内正毅が内閣を組織することになったのか？ 213
↓元老が大隈重信内閣を必要としなくなったから

❺ なぜ閥族の長や元老は、大隈重信を総理として再び登板させたのか？ 218
↓元老が桂・山本内閣など閥族に不満を持つ国民の批判をかわそうとしたから

❻なぜ山本権兵衛内閣は瓦解したのか？ 222
↓閥族が国民の力を利用して、山本内閣を倒す方向へ動いたから

❼なぜ第3次桂太郎内閣はわずか50日余りで倒れてしまったのか？ 227
↓倒閣と政党内閣を求める第1次護憲運動が国民運動に発展したから

❽なぜ第1次護憲運動は、全国的な運動に発展したのか？ 232
↓政治力を持った国民が閥族の支配に不満を高めていたから

テーマ史19 第1次世界大戦の勃発 236

テーマ史20 日本の大戦への参戦と二十一カ条の要求 238

テーマ史21 シベリア出兵と治安維持法 240

テーマ史22 ヴェルサイユ体制とワシントン体制 242

テーマ史23 関東大震災 244

テーマ史24 大正文化 246

第5章 日露戦争▼自由民権運動の高まり

❶なぜ日露戦争の講和条約に反対する集会が大暴動に発展したのか？ 250
↓国民が全面的に協力したのに日露戦争で1円も賠償金を獲得できなかったから

❷なぜ国民は日露戦争に全面的に協力したのか？ 256
↓ロシアが日本を上回る大国であり、この戦争に国家の存亡がかかっていたから

❸なぜ日本政府は大国であるロシアと日露戦争を始めてしまったのか？ 262
↓日英同盟を結んだことで、国内世論が急速に主戦論に傾いていったから

❹なぜ日本はイギリスと同盟を結ぼうとしたのか？ 266
↓ロシアが中国分割で満州を占拠し、朝鮮にも大きな影響を持つようになったから

❺なぜ列強諸国による中国分割が急に進んだのか？ 270
↓日本が日清戦争で圧勝し、清朝の弱さが露呈してしまったから

❻なぜ日本は、日清戦争で清国に圧勝することができたのか？ 275
↓近代的兵制や立憲体制が確立され、産業革命を経て経済力もついていたから

❼なぜ日本で産業革命がおきたのか？ 279
↓松方デフレによって民権運動が激化し、農村で階層分化がおこったから

❽政府はなぜ自由民権運動を強く弾圧するようになったのか？ 285
↓政府内からも同調者が出るなど、国民的運動に発展したから

❾なぜ自由民権運動は起こり、広まっていったのだろうか？ 290
↓武力では政府を倒せないことがわかり、それに変わるものを求めたから

テーマ史25 大日本帝国憲法と立憲体制の確立 296
テーマ史26 選挙制度の確立と変遷 298
テーマ史27 条約改正交渉 300
テーマ史28 労働運動と社会主義 302
テーマ史29 韓国併合 304
テーマ史30 明治時代の教育 306
テーマ史31 明治時代の文化 308

第6章　新政府への反発▼開国

❶なぜ武力で新政府を倒そうとする士族の乱が続発したのか？　312
↓新政府が長年の制度や慣習を破壊して、徹底的な改革をしたから

❷なぜ新政府は全国規模の大きな改革をおこなうことができたのか？　318
↓廃藩置県によって中央集権を実現したから

❸なぜ新政府は廃藩置県を断行したのか？　323
↓藩政改革で強大化した諸藩に危険を感じたから

❹なぜ新政府は、戊辰戦争に勝利することができたのか？　328
↓薩長の軍事力が強大であるうえ、前将軍・徳川慶喜が無抵抗で降伏したから

❺なぜ将軍・慶喜は、朝廷に政権を返還することに同意したのか？　333
↓大政奉還により新政府の盟主になれると考えたから

❻なぜ薩長両藩は、幕府を倒そうと考えるようになったのか？ 338
↓第2次長州征討で敗北した幕府が、改革によって権威を復活させたから

❼なぜ徳川幕府の力は弱まってしまったのか？ 346
↓尊王攘夷運動が激化し朝廷の力が大きくなったから

❽なぜ尊王攘夷運動が急速に国内に広まっていったのか？ 350
↓列強との対外貿易が始まり、その結果、人びとの生活が苦しくなったから

❾なぜ幕府は列強諸国に国を開き、貿易を始めてしまったのか？ 354
↓強大な軍事力を持つペリーなど列強諸国に開国を強要されたから

❿なぜペリーは日本を開国させようと考えたのか？ 358
↓日本を米清貿易と捕鯨船の寄港地にしたいと考えたから

テーマ史32 五箇条の御誓文と五榜の掲示 362
テーマ史33 明治初期における行政組織の変遷 364
テーマ史34 徴兵令と血税騒動 366
テーマ史35 地租改正 368
テーマ史36 文明開化 370
テーマ史37 新政府の宗教政策 372

本文デザイン　坂川朱音（krran）

第１章

安倍政権
｜
高度経済成長期の終焉

❶ なぜ、安倍政権は長期間（5年超）政権を維持できているのか？

← 民主党が弱体化し、自民党に代わって政権をになう野党が存在しないから

２０１２年12月に成立した自民党の第２次**安倍晋三**内閣は、その後、５年以上続く長期政権になっている。安倍政権が国民に支持されている最大の理由は、その経済政策の効果にあるといえるだろう。実際、安倍政権誕生以後、日本経済はこれまでと異なり、比較的順調に推移している。２０１８年７月には、政府は２０１９年度の実質経済成長率予測を１％台とする方針を固めており、今後も安定は続きそうだ。

まだ安倍晋三が内閣を組織する前から、「この自民党政権が誕生すれば大胆な経済政策がおこなわれる」という予測のもと、株価は大幅に上昇し、円安となるほどだっ

た。それほど安倍政権の経済政策は、国民や経済界に大きく期待されていたのだ。

内閣が成立すると安倍首相は、デフレからの脱却と富の拡大をかかげ**アベノミクス**と呼ばれる経済政策をすすめた。具体的には「大胆な金融政策、機動的な財政政策、民間投資を喚起する成長戦略」を「三本の矢」として次々と繰り出したのだ。

とくに日本銀行総裁に黒田東彦《はるひこ》を登用し、日本銀行が中心になってデフレ脱却のために2%の物価目標を達成すべく、量的金融緩和政策やゼロ金利など、次々と大胆な金融政策を断行していった。景気維持のため、2015年に予定されていた消費税の10%への引き上げも中止した。

このため2015年4月には日経平均株価が15年ぶりに2万円を記録した。2016年には、日銀は未曽有のマイナス金利政策を断行している。

また、安倍政権は「世界で一番ビジネスをしやすい環境を作る」とうたい、国家戦略特区と称して観光、教育、農業など計11分野でさまざまな規制改革をおこなっていった。とくに観光分野では民泊の許可、ビザ免除などによって訪日外国人客を大量に呼び込み、「中国人の爆買い」が話題になったように、大きな**インバウンド効果**をもたらした。

こうしたさまざまな施策により、経済は安定するようになった。一説では、日本経済は「いざなぎ景気」超えだとする論もある。また、大幅に失業率も低下していった。一方で、「こうした経済的安定は、アメリカ経済が好調だからに過ぎない」とか、「失業率の低下は高齢化による人手不足のため」といった論もあり、アベノミクスの効果を疑問視する意見もある。

また、好景気にかかわらず、賃金が上がらず、恩恵を感じられないという声も多い。さらに現在、アメリカが保護主義に転じ、日本やヨーロッパの品物に高関税をかけようとし、中国とは全面的な貿易戦争をはじめており、今後、急激に世界経済が悪化し、これに連動して日本経済が停滞する可能性が出てきている。

安倍政権は外交についても、これまで無難に対応してきた。

2016年のアメリカ大統領選では、当初はオバマ政権を引き継ぐクリントンを支持していたが、トランプが大統領選に勝利すると、まだ政権が発足する前に首相自らがアメリカに飛んでトランプと信頼関係を結ぶなど、巧みな駆け引きを見せた。

また、ロシアのプーチン大統領とも信頼関係を保っている。さらに中国や韓国と妥協して国民のひんしゅくをかった民主党政権とは異なり、必要に応じて断固たる姿勢を見せることも好感をよんでいる。

だが、それがゆえに北朝鮮の問題をめぐってアメリカの態度が豹変すると、日本がにわかに外交的に孤立するような状況となってしまい、今後、どのように対応していくかが問われている。

そうしたなか近年は、安倍首相夫妻の個人的つながりから端を発した森友学園や加計学園に関する問題、自衛隊の日報問題など、長期政権としての緩みが目立ってきた。

本来なら内閣が瓦解してもおかしくない事件なのに、政権が維持されているのは、内閣の支持率が落ちても与党自民党の支持率がほとんど変わらないからだ。

つまり、国民がまったく野党に期待していないのである。

こうした状況を生んだのは、先の民主党政権のせいだといえる。

ではなぜ、民主党政権は崩壊してしまったのだろうか？

❷ なぜ民主党政権は崩壊したのか？

← マニフェストを実現できず、震災対応でも失敗したから

第2次安倍内閣が誕生するわずか3年前（2009年8月）衆院選において、**民主党**は308議席を獲得する大勝で、自民党から政権を奪った。衆院選で野党が単独過半数を得て政権を奪取したのは、戦後初のことだった。

そのため、**〝戦後初めての本格的な政権交代〟**といわれ、国民は**鳩山由紀夫**内閣（民主党・社会民主党・国民新党の3党連立）の手腕に大いに期待した。とくに選挙前、民主党がかかげた**マニフェスト（公約）**は、これまで切り捨てられてきた社会福祉政策の重視など、すばらしい内容が盛り込まれていた。

こんなにも国民に支持された民主党政権が、どのようにして崩壊にいたったのか？本項ではその過程を見ていこう。

民主党政権崩壊の原因の一つに、選挙前に掲げたマニフェストが挙げられる。実際のところ、かなり実現性に乏しかったのだ。

政権を取りたいがためにかかげた公約だったこともあり、実行不可能な項目も多く、政権交代後、すべてのマニフェストの履行は難しいという現実が見えてきた。確かに高等学校の授業料無償化は達成されたが、子ども手当や高速道路の無料化については不完全な実施しかできなかった。国民の期待が大きかった分、失望も大きかった。

民主党政権下では、内閣府に設置された行政刷新会議で、国民に公開するかたちで国家予算の見直しがおこなわれた。いわゆる**事業仕分け**だ。とくに独立行政法人や政府関連公益法人の予算が抜本的に見直しとなった。本当にこの額の予算や補助が必要かどうかを官僚や職員にプレゼンさせ、仕分け人と呼ばれる事業仕分けの評価者たちが大胆に予算をカットしていく様子が、ニュースで大きく報じられた。

理化学研究所の事業仕分けでは、スパコン（スーパーコンピュータ）予算について蓮舫議員が「世界一になる理由は何があるんでしょうか。**2位じゃだめなんでしょうか**」と言ったことが大きな話題にもなった。

この事業仕分けで、いかに無駄な予算がついているかを国民に知らしめたことは大いに評価できる。だが、必要な予算まで削ったり、民主党政権のパフォーマンスに堕する面があったことは否めず、予算カット額も3兆円の目標に達せず、1・7兆円の見直し・国庫返済に止まった。

当初は支持率70％を誇っていた鳩山内閣――その人気を失墜させ、退陣に追い込んだのが**普天間基地移設問題**だった。政権交代時の選挙で民主党は、沖縄県の基地問題に取り組むことを公約とし、選挙戦では「普天間基地を海外へ移設する」といった発言もみられ、鳩山首相も移設先は最低でも県外にすると確約した。

ところがアメリカにはっきりと拒絶され、鳩山内閣も県内移設の可能性も示唆するようになる。このため沖縄県民のみならず国民も鳩山内閣に不信感を持ち、２０１０年6月、鳩山内閣は政権交代から9カ月弱で退陣に追い込まれたのである。

続いて民主党の**菅直人**が内閣を組織したが、尖閣諸島近海で中国漁船が故意に海上保安庁の巡視艇に衝突した事件が起こる。この問題で日中関係が悪化、中国漁船の船長を釈放するなど中国側に配慮したことで国民の支持を失った。さらに２０１１年３月11日に発生した**東日本大震災**に付随して、福島第一原子力発電所の事故が発生。原発事故では官邸と東京電力、そして福島第一原子力発電所との意思疎通がうまくいかず、なおかつ内閣が事故を小さく見せようとした姿勢が批判をあびた。

すでに前年の参院選挙で民主党は大敗し、参院では過半数を割っていた。だから震災前から苦しい政治運営を強いられていたが、震災後、民主党内で「菅おろし」が起こったこともあり、２０１１年9月に菅内閣は退陣を余儀なくされた。

続いて民主党の**野田佳彦**が国民新党と連立内閣を組織するが、すでに民主党は国民に見放されていた。２０１２年の衆議院選挙で民主党は大敗、自民党・公明党が３２5議席を獲得し、野田内閣は総辞職した。

結局、国民の期待をになった民主党政権はわずか3年間で消滅したのである。

ではなぜ、そもそも民主党が政権を取れたのだろうか？

❸ なぜ民主党政権が誕生したのか？

←所得格差を広げた自民党政権がリーマンショックで失速したから

話は、民主党政権発足（2009年）の8年前にさかのぼる。

2001年に成立した**小泉純一郎**内閣の**「聖域なき構造改革」**によって、日本の社会福祉政策は大きく後退してしまった。この小泉内閣の政策が遠因となり、8年後、自民党は政権の座を手放すことになる。詳しく見ていこう。

「聖域なき構造改革」によって、健康保険、介護保険などの本人負担が増えた。派遣労働の自由化により、不安定な非正規労働者が激増した。生活保護費も給付抑制や減額がなされていった。年金の額も減った。

このような政策により、次第に国民のあいだで**所得格差**が広がりはじめる。これに連動して、人間を勝ち組と負け組に線引きし、「負け組になったのは自己責任である」と弱者を切り捨てる**自己責任論**が、社会に広まっていった。

こうしたなか小泉内閣はメディアを上手に利用し、**「郵政民営化」**を推し進めるなど、**劇場型政治**と呼ばれる大衆受けする政治を行った。

そして2006年、小泉純一郎首相は自民党総裁の任期満了によって、円満に内閣を総辞職。かわって**安倍晋三**が内閣（第1次）を組織した。

安倍首相は、小泉内閣の構造改革をさらに加速化することを明言。「美しい国づくり」や「戦後レジームからの脱却」などをスローガンに掲げ、教育基本法を改正して「我が国と郷土を愛する」という文章を入れたり、防衛庁を省に昇格させたりした。

一方で、中国や韓国を訪問して途絶していた外交も回復させた。

だが、社会保険庁が年金記録を極めてずさんに管理していること**（年金記録問題）**が発覚すると内閣の支持率は下落。さらに〝お友達内閣〟と揶揄されたように、安倍首相は自分と親しい政治家を大臣などの重職に抜擢したが、そうした閣僚が次々と不祥事を起こしたことで支持率はさらに低下していった。

結果、2007年7月の参院選挙で自民党は敗北、与党は過半数割れをおこし、いわゆる「ねじれ国会」により政局の運営が厳しくなった。

同年9月、国会で所信表明演説の2日後、安倍首相は突然、退陣表明をおこない安倍内閣は瓦解した。首相本人の健康問題が辞任の理由だったことが後に判明する。

続いて自民党総裁選を制した**福田康夫**が公明党との連立内閣をつくったが、ほとんど安倍内閣の閣僚が横滑りして、野党から批判を受けた。

みずから「背水の陣内閣」と名付け、自民党の信頼回復に努めようとしたが、大臣の失言や政治とカネの問題が続出、さらに福田首相が野党民主党との大連立を構想して失敗したため、内閣の支持率は低下し、前内閣同様、2008年9月の首相の突然の退陣表明によって幕を閉じた。

まさに後がない状態で、自民党は解散総選挙を意識し、当時人気のあった**麻生太郎**

に内閣を組織させた。いっぽう、野党の民主党も政権を奪取しようと、解散に意欲的だった。こうしていよいよ解散総選挙がおこなわれるかに見えたそのとき、なんと世界を揺るがす事態が起こったのだ。

アメリカの巨大投資銀行であったリーマン・ブラザーズが経営破綻したのである。原因は、前年の**サブプライム・ローン問題**であった。

これはかなり複雑な問題なのだが、できるだけ簡潔に説明しよう。

とても住宅ローンの審査にはパスしないような人びとに向けた住宅ローンをサブプライム・ローンという。当時アメリカでは不動産バブルが起こっており、不動産の価格が右肩上がりであった。そんな中、いわゆる低所得者層もサブプライム・ローンを組んで住宅を購入できるようになる。不動産価格は上がり続けているため「ローンが返済できなければ、不動産を売却すればよい」と考えられたのだ。サブプライム・ローンはこのように不動産バブルを背景にして広がり、リーマン・ブラザーズなどの金融機関は、サブプライム・ローンを証券化し、金融商品として販売していった。

だがアメリカの景気が後退しはじめ、不動産の価格上昇に陰りが見えると、とたんに市場の熱気は冷めていく。バブルの崩壊である。かくしてローンの返済は滞り、担保の不動産を売却しようにも、買い手がつかない状態に。結果、サブプライム・ローンの貸し手であった金融機関は不良債権を抱えることになったのだ。

とくに巨大な金融機関だったリーマン・ブラザーズが6000億ドル（約64兆円）の負債をかかえて破綻したのは衝撃だった。これにより世界的な金融危機**（リーマン・ショック）**がおこり、日本経済もこれまで経験したことがないほどの景気後退に見舞われた。

この金融危機に対処するため、麻生内閣は解散を先送りした。そのため内閣支持率は急落。しかも政府は世界的な金融危機のなか効果的な政策が打ち出せず、企業は続々と倒産し、失業者が急増していった。

職を失った生活困窮者などに対し、NPO法人や労働組合などが実行委員会を組織し、日比谷公園に開設した**年越し派遣村**は、炊き出しや就職相談、生活保護申請の支援などをおこない、大きな話題となった。

その後、麻生内閣は支持率を回復できぬまま、2009年8月の衆議院選挙に突入する。

自民党は小泉政権の後、安倍・福田と続けて政権を投げ出した。さらに金融危機で国民の生活は苦しくなった。このため国民の信頼は自民党から離れていった。そんな中でおこなわれた２００９年８月の衆議院選挙で、民主党が大勝し、自民党は政権から転落したのである。

このように安倍（第１次）・福田・麻生と続く自民党政権で、国民の経済状況は悪化し、自民党への支持も急速に失われていったわけだが、さらにさかのぼると、小泉政権での福祉の切り捨てが影響していたことがわかるであろう。

ではなぜ、小泉政権は福祉を切り捨てたのだろうか？

❹ なぜ小泉政権は、福祉を切り捨てたのか?

← 長期不況を脱却するため、大胆な民営化と規制緩和をすすめる必要があったから

小泉純一郎内閣は福祉政策を大きく後退させ、**自己責任論**を唱え、**勝ち組**と**負け組**を生んだ。ではなぜそのような政策を取ったのだろうか?

それは、長期にわたる不況への対策が必要だったからである。詳しく見ていこう。

小泉内閣発足より遡ること5年前。バブル経済の崩壊で景気が低迷した1996年、第2次**橋本龍太郎**内閣が発足する。同内閣は翌年、財政構造改革法を成立させて行財政改革に乗り出した。ただ、前任である村山富市内閣のときに決まった消費税の引き

上げ（3%から5%）をおこなったところ、アジア諸国の通貨・金融危機とあいまって景気はさらに後退してしまった。

経営破綻した大手金融機関には公的資金が投入される一方、企業の倒産やリストラがあいつぎ、多数の失業者が生まれた。結果、1998年7月の参院選で自民党は大敗を喫し、その責任をとって橋本首相は辞任、かわって**小渕恵三**内閣が誕生する。

小渕は小沢一郎率いる自由党と手を組み、さらに公明党とも連立する（のち自由党は連立から離脱、小渕内閣は自民党・公明党・保守党の3党連立内閣に）。小渕内閣は大型予算を組んで景気回復につとめる一方、衆参両院で安定多数を確保し、1999年、新ガイドライン関連法（周辺事態安全確保法など）や国旗・国歌法を制定した。しかし小渕首相がにわかに病に倒れ、**森喜朗**が内閣を引き継いだものの、首相自身が失言を繰り返して国民の信を失い、わずか1年で退陣を余儀なくされた。

かわって自民党総裁選で勝利した小泉純一郎が2001年4月に構造改革をとなえて内閣を組織した。小泉首相は派閥を超えた組閣人事をおこない、民間人や人気政治家、女性を多く閣僚に登用、内閣の支持率80%を超えるほどになった。

小泉内閣は、長く続く不況対策として**「官から民へ」**の転換を推し進めた。公務員や公的サービスを削減し、民間への過剰な規制を排除し、市場でできることは市場に委ねるべきだと考えたのだ。

こうした**「小さな政府」**をめざす新自由主義的な政策をとり、小泉内閣は不良債権処理の抜本的な解決を掲げるとともに、財政赤字の解消と景気の浮揚をめざして大胆な**民営化**と**規制緩和**を進めていった。ちょうど、アメリカ経済の回復と中国経済の好調により輸出が伸び、各企業のリストラや合理化の効果が現れたこともあり、2002年から日本経済は上昇に転じた。そして2006年には「いざなぎ景気」を超え、好況は戦後最長となった。小泉内閣の経済政策は、一定の成果を上げたといえよう。

しかしながら、景気の勢いは高度成長期に比べて格段に弱く、労働者の賃金も低く抑えられたままで、多くの国民は好景気を実感できない状態だった。

また小泉内閣は、**聖域なき構造改革**と称して、さまざまな分野での改革を断行し、「国民にも痛みを求める」として社会保障関連の予算も大胆に削減した。

高齢化が進む日本にとっては致し方のない政策だが、いままでの政権では聖域として手をつけなかったところである。

まずは右肩上がりの老人医療費について、２００２年から高齢者の医療費の自己負担額を１割とし、翌２００３年には健康保険本人の負担額を２割から３割へと引き上げ、保険料も年間数万円の引き上げ（所得によって異なるが）が断行された。生活保護も老齢加算や母子加算の削減や廃止が決定、受給資格を厳しくチェックし給付を抑制した。介護保険は、２００５年から居住費や食費が給付の対象外とされた。

すでに小泉内閣以前から派遣労働が自由化されはじめていたが、２００４年、小泉内閣は製造業への派遣も全面的に解禁した。この結果、企業における非正規労働者の数は急増する。正規労働者と比較すると、派遣労働者の賃金、雇用保険や社会保険の加入率は極めて低く、不安定な雇用形態で働く人びとが増えた。

介護保険予算を削減するため介護報酬も引き下げられ、介護施設での労働条件が悪化、離職者が急増する。そうしたなか、医療制度改革により、多くの病院が長期入院患者を介護施設へ移さざるを得なくなった。が、人手が足りない介護施設は、患者すべてを引き受けることができない。このため、多くの入院患者が自宅に戻り、家族が介護しなくてはならない状況を生んだ。

景気対策として推し進めた「小さな政府」政策だが、結果的に多くの福祉政策を切り捨てることになり、国民間の経済格差を広げる要因の一つとなったといえよう。

小泉内閣は一時、外務省のスキャンダルをきっかけとした**外相辞任騒動**、**イラク派兵問題**などで人気が急落したが、小泉首相が「古い自民党をぶっ壊して政治経済の構造改革をおこなう」と発言したり、郵政民営化をめぐる衆議院解散では、民営化に抵抗する与党（自民党）の議員に対抗馬**（刺客）**を出すなど、劇場型政治を展開して支持率を回復、5年を超える長期政権となった。

この小泉改革路線は2006年に成立した安倍晋三内閣に引き継がれたが、前述の通り、小泉内閣での福祉政策の後退が国民間の経済格差を広げることに繋がり、自民党への国民の支持を遠ざけ、自民党の政権転落の一因となっていったのである。

ではなぜ、福祉を切り捨てねばならないほどに、日本経済は長期不況に陥ってしまったのだろうか？

❺ なぜ日本経済は長期的な不況に陥ってしまったのか？

← バブル景気が崩壊し金融機関の経営が悪化、実態経済の不況に波及したから

1990年、高騰し続けていた株価が大暴落し、つづいて地価も大幅に下落したことで、いわゆる**バブル景気**は**崩壊**した。そして翌1991年からは景気の後退が始まっていき、1992年を境にして地価も継続的な下落へと転じた。

ではなぜバブル景気が崩壊したのか、その原因を簡潔に説明していこう。

崩壊のきっかけをつくったのは1990年に実施された**「不動産融資総量規制」**と**「公定歩合の引き上げ」**の2つといえるだろう。バブル景気（※その発生原因については次項で解説）では、土地の値段が上がり続ける**資産インフレ**が進んだのだが、行き

過ぎた資産インフレを抑える目的で、先述の2つの政策がとられたのだ。

バブル経済下では、好景気の割に円高だったので、海外から安い品物が大量に入ってきた。このため物価は比較的安定していたが、それでも上昇傾向にあり、庶民的な店でもランチセットが1000円を超える店が増えた。政府や日本銀行は、バブル景気によるインフレ（モノの値段が上がり続けること）を恐れた。

そこで加熱した好景気をおさえようと、「銀行は、土地売買に関する資金を企業に貸しつけてはいけない」という「不動産融資総量規制」をつくり、土地の投機を抑えようしたのだ。土地の値上がりは投機のためだったので、この規制は思った以上の衝撃を与え、結果、地価は下がっていった。銀行から資金を借りて土地の投機をしていた多くの企業は驚き、安くても早く土地を売ろうとしたので、ますます地価が下落してしまった。さらに「公定歩合の引き上げ」（2・5％から6・0％）をした。日銀が銀行に貸し付けるお金の金利を一気に引き上げたのだ。そうなると当然銀行も、企業など借り手への金利を引き上げる。つまり、企業は金を借りにくくなってしまうわけだ。

転売目的で購入した不動産の価格は下がり、企業からの銀行への返済は滞るようになる。銀行としても担保となった土地の値段が下がり続けるため、追加の融資ができなくなる。だから企業は、銀行から新事業・設備投資の元手を借りられず、経営危機を乗り越えることが難しくなる。このようにしてバブル経済は崩壊し、社会全体が悪循環に陥り、不況へと突入していったのだ。

バブルははじけ、１９９０年代前半に実質経済成長率は１・４％に落ち込み、さらに後半は１％と大きく低下した。この経済状況を**平成不況**と呼ぶ。平成不況の本質は、一言でいえば株価や地価の暴落**（資産デフレ）**にあるといえる。バブル経済期に値上がりを見越して買った株式や土地は、逆に不良資産となってしまったわけである。当然、それを大量に抱え込んでいた金融機関の経営は、大きく悪化する。そしてこれが、実体経済の不況に波及したのである。こうした状況を複合不況と称している。

バブルによる好景気が一転不況になると、日本企業は生き残りをかけて、諸事業の整理や人員の削減など、大胆な経営の効率化**（リストラ）**を断行する必要に迫られた。

その結果、大量の失業者が生まれ、１９９８年に失業率は４％をこえ、２０００年には４・７％になった。失業率の増大で雇用不安が高まり、給与の減額とあいまって消費活動はますます冷え込むようになり、これがさらに不景気を長引かせる結果につながっていった。なのに政府や日本銀行は、この不景気は単なる通常の循環的な不況(定期的に訪れる景気循環による波)であると考え、財政支出の拡大や低金利政策によって乗り切ろうとしたのだ。もちろん、ほとんど効果は上がらなかった。

とくに不良化した債権と資産を莫大に抱え込んだ金融機関への影響は深刻化の一途をたどった。1995年あたりから**住宅金融専門会社の倒産**が増え、1997年には**北海道拓殖銀行**と**山一証券**、1998年に**日本債券信用銀行**と**日本長期信用銀行**が破綻してしまったのである。誰もが知る有名な金融機関が次々と消滅したことは国民に大きなショックを与えた。

また、景気が悪いので企業の生産活動はふるわなくなり、消費者のあいだでも節約志向が定着し、モノを買いびかえたり、安い商品を買い求めるようになった。これにより、内需は不振となった。バブル期に売り上げを伸ばしたブランド品も急激に売上げを落としていった。

そのうえ、アメリカ政府が盛んに市場の開放や規制の緩和を求めるようになり、円高状態もあって、海外の品物が安価で怒濤のように入ってきた。さらに円高と不況があいまって自動車産業や電子産業など、花形だった輸出主導型の企業に大きな打撃を与えた。

これにより、日本企業も生き残りのためグローバル化を強いられるようになり、国内外の企業との大規模な提携や合併がなされ、業界再編がおこった。

さらにバブルの崩壊とその後に続く平成不況は、技術革新の低迷をもたらした。1980年代には日本の工業技術はアメリカ企業と肩を並べるまでになったが、1990年代に入ると、各企業は技術部門へ資金を投入しなくなり、日本の工業技術は停滞し、日米の格差は逆に開いてしまったのである。

そうした時期に登場したのが、小泉純一郎内閣だった。

前項で述べたように、小泉内閣は聖域なき構造改革、国民に痛みを求める改革をかかげ、新自由主義的な政策を次々と断行、この長期的な不況の打開へと乗り出していくことになる。

ではそもそも、なぜ日本でバブル景気が起こったのだろうか？

❻ なぜ日本でバブル景気が起こったのか?

←プラザ合意による円高不況から抜けだし、内需主導型産業が活気づいたから

1980年後半から90年代初頭にかけて日本は好景気に沸いたが、これを俗に**バブル景気（バブル経済）**と呼んでいる。

本項では、なぜバブル景気がうまれたのかについて詳しく見ていこう。

1985年、ニューヨークのプラザホテルで開かれた**G5**（日本、アメリカ、イギリス、フランス、西ドイツの五カ国蔵相会議）において、行き過ぎたドル高を是正すべく、先進5カ国が外国為替市場に協調介入することが合意された。日本政府は、アメ

リカが抱える貿易赤字（その大半が対日赤字だった）を縮小するため、円高・ドル安を容認した。これを**プラザ合意**という。

この結果、予想どおりに急速な円高が進み、円はそれまで1ドル220〜250円あたりで推移していたのが、同年末には200円、1988年1月には121円、さらに1995年には80円台を記録した。このため輸出による利益が減るなどして日本の景気は悪化した。

これを**円高不況**と称しているが、その後、日本銀行が低金利政策を実施したり、政府が公共事業の拡大など積極財政を展開、内需主導型の経済成長を強く促した。加えて、各企業の経営合理化の努力もみのり、不況はおさまっていった。

1987年頃になると、日本の製造業は競争力を回復し、1988年には設備投資も大幅に増大した。これまで日本の産業構造は重化学工業中心だったが、この時期には先端技術産業中心に転換をとげていき、輸出も増加に転じた。

そのためにアメリカ政府から、いっそうの貿易黒字削減のための努力を迫られることになり、日本政府は引き続き、日銀に低金利政策の継続を求めた。このため、金融市場には過剰な資金が供給されていった。

こうして銀行や企業に集まってきた莫大な金は、生産的な設備投資にではなく、株や不動産の投資に向けられていったのである。

その結果、1980年代後半から株価と地価が急激に高騰し、不動産や株式が実際に生み出す利益より、はるかに高価格になった。つまり、実体のない経済の膨張がはじまったのである。

1985年に1万2000円ほどだった日経平均株価は、1987年6月に2万5000円台、翌1988年12月に3万円台を記録し、1989年末に3万8900円という史上最高の値を記録した。地価の上昇もすさまじく、東京都内では1987年半ばまでの1年間で、なんと85・7%も土地の価格が上昇したのである。こうした地価の高騰は全国各地へと波及していき、1985年から1990年までの5年間に、6大都市の地価指数は約3倍になった。このように株価と地価の高騰によっておこった好景気をバブル経済（バブル景気）と呼ぶ。

当時は円高・ドル安だったのに、日本のアメリカに対する貿易黒字は減っていかなかった。このため1989年以後になると、**日米構造協議**がおこなわれるようになる。

そこで日本の企業は貿易摩擦を避けながら欧米市場を確保しようと、大規模な直接投資（経営参加を目的とし、現地企業の株式を取得したり、現地企業を買収する投資のこと）をおこなうようになった。さらに、発展途上国にも投資をはじめた。結果、1985年度から1991年度にかけて海外直接投資高は5倍以上になった。1985年には債権残高において日本は世界第1位となり、1992年の投資高は2480億ドルにのぼり、ついにイギリスを抜いてアメリカにつぐ世界第2位となったのである。

このように振り返ると、プラザ合意から発生した円高不況を乗り越えるため、内需型経済に向かい、結果として国内の円が過剰に供給され、バブルが産まれたことが分かるだろう。

ではそもそも、なぜ日本はプラザ合意に同意したのだろうか？

円高は国内の輸出産業に大打撃となると分かっていたはずなのに、である。

❼ なぜ日本はプラザ合意に同意したのか？

←経済大国になった日本が、欧米諸国との貿易摩擦を解消するため

1985年のプラザ合意とは、日本の貿易黒字（換言すれば、アメリカが日本に対して抱え込んだ貿易赤字）を減らすための、国際協調介入の合意であった。

それまでの日本は、円安を背景にした輸出産業で経済発展を遂げてきた。そんな自国に有利な円安を、なぜ日本は改めることに合意したのか？

それは、**貿易摩擦**の解消のためであった。本項で詳しく見ていこう。

じつは1980年代、日本はアメリカと並ぶ**経済大国**となっていた。

省エネなど官民一体の努力により、いち早く**石油危機（オイルショック）**による世界的な不況から脱し、70年代後半から安定的な経済成長を続けることに成功したのだ。

とくに鉄鋼や自動車、半導体の輸出産業が好調で、日本の欧米に対する貿易黒字は大幅に増加していった。このため、なかなか不況から抜け出せない欧米諸国は、日本のやり方を不公正（アン・フェア）だと非難するようになった。

とくにアメリカは、巨額の財政赤字と貿易赤字（「双子の赤字」）を抱えており、1985年には純債務国に転落してしまった。そんなこともあり、アメリカは対日批判を強め、市場開放をさまたげる日本の「不公正」な制度や慣行をやり玉に挙げるようになる。経済の問題が、勝ち続ける日本への外交問題に発展してしまったわけだ。

こういった流れの中で、プラザ合意はなされたのである。貿易黒字より、良好な日米関係の維持のほうが優先されると、時の政府（中曽根康弘内閣）が判断したのだ。

プラザ合意により、為替相場は急速に円高ドル安に傾いていったが、それでも貿易摩擦は解消されなかった。そこで日本は、国内市場を一部開放し、また輸出品に自主規制をかけるなどして、バランスを取ろうとする。

1988年、日本政府は**牛肉・オレンジの輸入自由化**を決定した。その後、さらに米市場の部分開放をする。1980年代には、自動車の輸出自主規制をおこなった。

なお、世界のGNP（国民総生産）に占める日本の比重だが、1955年にはわずか2%強だったが、1970年には約6%、そして1980年になると約10%に達する。日本の1人当たり国民所得（ドル表示）は、1980年代以降は円高の影響もあって、アメリカを追い抜いた。また、貿易黒字が累積して日本は**世界最大の債権国**となったのである。

そうしたこともあり、1980年代になると、積極的に開発途上国に対する政府開発援助（ODA）の供与額を増やし、日本は世界最大規模の拠出国となる。

このようにプラザ合意があったものの、日本は円高を乗り越え、経済大国としての地位をいっそう固めていったのである。

では なぜ、プラザ合意で円高に誘導せねばならないほど、1980年代の日本は経済大国として力を持っていたのだろうか？

❽ なぜ日本は、世界の経済大国になることができたのか？

←石油危機を乗り越え、企業が減量経営やオフィスの自動化に成功したから

１９５５年から約20年にわたって日本では**高度経済成長**が続いた。詳細は次項に譲るが、当時の日本の主要産業は**「重厚長大型産業」**と称された、鉄鋼や造船などの**重化学工業**であった。

ところが、１９７３年にアラブ産油国が原油価格を４倍に上げたため、石油に依存していた日本経済は大打撃を受けた。この**石油危機**により、日本経済は、経済成長率の低下、物価の上昇、経常収支の赤字という三重苦（トリレンマ）となった。そこからの脱却を図るため産業構造の転換をおこなった結果、日本は１９８０年代、不況に

あえぐ他国から頭一つ抜けた経済成長を実現できたのだ。本項ではその過程を見ていこう。

石油危機により世界的に経済が低迷するなか、日本政府は国内のトリレンマを克服するため、景気刺激策をとるとともに、労働者の賃上げを労働生産性の伸び以内にとどめさせた。また各企業では、急ぎ省エネ型の産業や製品を開発していった。国民も省エネ・ライフを求めていった。

こうした努力がみのり、1976年度には5・1%の経済成長を達成した。経常収支も4年ぶりに黒字となり、消費者物価の上昇率も前年比で1桁台に落ち着いた。一方で、輸出の増大により、円高が進行した。

そんな中、三木武夫にかわって内閣を組織した福田赳夫《たけお》は、引き続き景気回復のため内需拡大を促す経済政策を実施し、問題になっていた円高による不況と貿易黒字の解消にも努め、以後は5%前後の成長率を維持できるようになった。

ところが続く大平正芳内閣の1979年、再び石油産油国でつくるOAPECが原油価格を3倍に引き上げたため、第2次石油危機が発生してしまう。このため198

0年代前半は3%前後の成長率に落ち込むが、それでも欧米の先進諸国にくらべると、相対的には高い成長率であった。

第2次石油危機がおこると、日本企業は省エネ化やリストラを断行し、いわゆる「減量経営」に努力した。さらに、ME（マイクロ・エレクトロニクス）技術を使ったロボットやコンピュータを活用して工場やオフィスの自動化を推進していった。こうして日本経済は、ふたたび危機を乗り越えたのである。

とくに、そうした努力を積極的におこなった自動車や電気機械、ハイテク産業（半導体・IC・コンピュータ）は**「軽薄短小型産業」**と称され、急速に輸出を拡大していった。いっぽうで鉄鋼や石油化学、造船などの**「重厚長大型産業」**すなわち資源多消費型の産業は停滞していった。

こうした「重厚長大型産業」から「軽薄短小型産業」への移行は、**「知識集約型産業」**への転換ともいわれ、1980年代以降、軽薄短小型産業＝知識集約型産業が、日本経済をけん引していくこととなる。

こうして振り返ると、2度のオイルショックをきっかけに、日本の産業構造が変革を遂げ、1980年代以降の飛躍につながったと言えよう。ではオイルショック以前の日本経済はどうだったのかといえば、本項の冒頭でも触れた「重厚長大型産業」が全盛であった。ちょうど、高度経済成長期と呼ばれる20年間だ。

ではなぜ、高度経済成長期が終わってしまったのか？

オイルショックもその一因だが、次項でそのあたりを詳しく解説しよう。

❾ なぜ高度経済成長が終わってしまったのか?

←ドルショックに加え、石油危機が起こったから

戦後、日本が高度経済成長を続けられた背景には「1ドル＝360円」の固定相場制と、安価で輸入できた資源(石油)の存在があった。この両方の事情が変わってしまう国際的な危機が相次いで起こり、日本の高度経済成長期は終わりを迎える。

本項ではその過程を詳しく見ていこう。

第2次世界大戦後、アメリカのドルは国際基軸通貨として世界に君臨するようになり、資本主義社会はドルを中心に金融・経済が動いていった。

しかしアメリカはその後、西側(自由主義陣営)諸国への経済援助や軍事支援のために膨大なドルを使った。しかも、そうして復興させた西側の先進国からの輸入品が

大量にアメリカ国内に流入し、貿易赤字は年々増えていった。

さらに、1965年からアメリカは本格的にベトナム戦争に介入したが、1973年にベトナムから撤退するまでの間、やはり莫大なドルを戦争に投入した。この結果、国際基軸通貨としてのドルの地位は揺らぎ、急速にその価値を下げていった。そこで1971年、アメリカのニクソン大統領は、ドルと金の交換停止を発表したのである。

それまでドルは金との交換が保証されていた。いつでも金と交換できるという保証があったからこそ、世界はドルを中心とした経済を維持できたのだ。その金との交換を停止するとしたのだから、当時の国際社会に与えた影響は計り知れない。

だから世界に衝撃を与えたニクソンのドルと金の交換停止は、**ドルショック（ニクソンショック）**と呼ばれている。

このため先進国は、同年末に10カ国蔵相会議（日本も参加）を開き、ドルの価値低下を防ごうと、各国がドルの切り上げをおこなった**（スミソニアン体制）**。

日本では1ドル360円に為替相場を固定していたが、それを308円とした。しかしその後もドルの信用は回復せず、1973年、日本も西側先進国にならって変動相場制へ移行した。こうして円高になったことで、輸出はこれまでよりしづらくなった。

さらにこの年、原油の値段が跳ね上がったのである。

きっかけは同年10月に勃発した**第４次中東戦争**だ。アラブ産油諸国で結成するＯＡＰＥＣ（アラブ石油輸出国機構）は、戦争相手のイスラエルに好意的な欧米・日本の態度に不満を持ち、原油の輸出制限と価格引き上げを断行、同年12月には、以前の４倍もの価格になった。これを**石油危機（オイルショック）**と呼ぶ。

繰り返すが、日本の高度経済成長は海外からの安価な資源輸入に支えられており、その中心的な存在が原油だった。それが一気に４倍に跳ね上がってしまったのである。これにより、石油の低価格に依存していた面が大きかった高度成長はかげり、翌１９７４年、日本経済は**戦後初めてのマイナス成長**（経済成長率がマイナスになること）を経験することになった。

なお、原油価格の暴騰のさい、石油会社は便乗値上げをして国民の怒りを買ったが、石油関連商品だけでなく、それ以外のモノも高騰していった。その原因は石油危機だけではなかった。直前に、田中角栄内閣が**日本列島改造論**を打ち出したことも要因の一つであった。

日本列島改造論とは、簡単にいえば、産業を地方都市へ分散させ、都市間を新幹線や高速道路で結ぶ計画のことだ。これが実行されることを期待し、超低金利政策も相まって大々的な土地の投機がはじまり、地価が高騰していたのである。そこにオイルショックに便乗した値上げも重なり、国内は激しいインフレ（**狂乱物価**）にみまわれた。

政府は金融の引き締めをおこなったが、インフレはいっこうに収まらず、そのまま不況（スタグネーション／stagnation）とインフレーション（inflation）が併存している状況に陥ってしまった。これを二つの言葉を合成して**スタグフレーション**（stagflation）と呼ぶ。

いずれにせよ、日本経済はドルショックとオイルショックを機に、そのまま不況となり、以後はずっと2～5％の経済成長にとどまるようになった。こうして日本の高度経済成長は終わりを告げたのである。

ではそもそもなぜ、高度経済成長期が起こったのか？

次章ではそのあたりから紐解いていこう。

テーマ史 1

55年体制の崩壊

　1955年以来、保守政党の自民党が革新政党の社会党をおさえ、一党優位の状態で政権をにぎり続けてきた。それが崩壊するのが1993年だ。

55年体制が崩壊した原因は政界の腐敗にあった。この時期、リクルート事件、東京佐川急便事件など政官財の汚職事件が続いた。そこで1989年、「金のかからない政治」を実現するため竹下登内閣は政治改革を推進、その後、海部俊樹内閣も小選挙区比例代表並立制を中核とする政治改革3法案を臨時国会に出した。しかし、法案は結局廃案となってしまう。

　続く宮澤喜一内閣も政治改革に意欲を見せたものの、強い抵抗勢力に阻まれた。このため国民は自民党政権に失望。そうした世論を背景に社会党・公明党・民社党が共同で内閣不信任案を衆議院に提出。すると自民党議員の一部が同調し、賛成多数で可決された。宮澤首相はただちに衆議院解散を宣言、1993年7月に総選挙がおこなわれたが、自民党は過半数を割り宮澤内閣は総辞職した。

　そこで共産党を除く非自民8党会派（社会党、新生党、公明党、日本新党、さきがけ、民社党、社民連、民改連）は、日本新党代表の**細川護熙**《もりひろ》を総理とする内閣をつくった。こうして38年ぶりに非自民内閣が成立し、55年体制は終焉した。

　細川内閣には連立与党6党首が入閣し、法相・文相に民間人を採用、女性大臣を3人起用する斬新な構成で、内閣支持率も70％という高率だった。

　細川内閣は、衆議院議員の選挙制度を小選挙区比例代表並立制とする公職選挙法改正案、さらに政治資金規正法案、政党助成法、衆議院議員選挙区画定審議会設置法案など政治改革諸法案を成立させた。ところが1994年4月、細川首相はにわかに退陣を表明、25日に総辞職した。野党に佐川急便からの1億円借金問題を厳しく追及され、政権運営に自信をなくしたからであった。

　続いて新生党党首の羽田孜《つとむ》が非自民連立内閣を組織したが、社会党やさきがけが連立離脱、自民党が内閣不信任決議案を提出し可決が確実となったため、内閣は総辞職した。次に内閣を組織したのは社会党委員長の**村山富市**だったが、与党に自民党が入り、下野からわずか1年で自民党は政権に復帰した。

テーマ史 2

東西冷戦の終結

第2次世界大戦後、超大国となったアメリカとソ連が対立、世界はアメリカ側の自由主義とソ連側の社会主義の東西両陣営に分かれていがみ合ってきた。日本は東アジアにおける自由主義陣営として隣国ソ連と対立してきた。だが1985年、ソ連の共産党書記長に**ゴルバチョフ**が就いたことで、ソ連に大きな変化がおこった。

ゴルバチョフは、**ペレストロイカ**（立て直し）をかかげ、悪化するソ連経済の再建を目指した。長年の冷戦による軍拡競争で、ソ連は兵器などの重厚長大型の重工業に力を入れ過ぎ、先端科学技術が欧米に対し圧倒的に遅れてしまった。農業も機械化が進まず、社会主義が平等を重視することで労働者の勤労意欲も低く、経済全体が沈滞していた。そこでゴルバチョフは、市場経済原理の導入や、国営企業の独立採算性、価格の自由化などを進めた。政治も民主化を進め、1990年2月にソ連共産党と国家の分離を推進、ソ連共産党は一党独裁を放棄する宣言をおこなった。翌月、5年を任期とする大統領制がソ連邦に導入され、ゴルバチョフが初代ソ連大統領に就任した。

ゴルバチョフはグラスノスチ（公開性）と称し、新聞、雑誌、テレビ、ラジオの厳しい検閲も原則廃止し、政府の情報も公開していった。このため国家批判がある程度認められ、あらゆる面において民主化が進んでいった。外交については「新しい思考」というスローガンをかかげ、アメリカとの緊張緩和に動き、1987年12月、INF全廃条約が調印され、約4000発の核弾頭が廃棄されることになった。

1989年12月、ゴルバチョフはアメリカのブッシュ大統領（父親）と地中海のマルタ島で会談した。両国首脳は、米ソ関係が新たな時代に入ったことを確認、世界秩序の形成に積極的に取り組むべき事を決め、「冷戦の終結」を共同で宣言した。こうしてヤルタ体制、それに続く冷戦体制が終わりを告げ、**マルタ体制**が成立したのである。

テーマ史3

ベルリンの壁崩壊と東欧革命

第2次世界大戦後、ドイツは自由主義陣営とソ連によって東西で分断統治されたが、首都のベルリンは米英仏ソによる統一共同管理とされた。1949年に西ドイツと東ドイツが成立するが、東ベルリンが東ドイツの首都になった後も西ベルリンは西ドイツの拠点となっていた。ところが東ドイツとソ連などが、1961年、全長160キロ・高さ4メートルのコンクリートの壁をつくり、東西ベルリンの交流を完全に断ったのである。

ドイツが東西に分かれてから約40年後の1989年、ソ連の経済悪化による影響力の低下によって、東欧諸国では民主化の動きが急に進んだ。東ドイツでは、西ドイツへの亡命者が急増し、同年11月には毎日1万人以上がチェコの国境から西ドイツへ入る異常事態となる。さらに民主化を求めるデモが東ドイツ各地で発生、10月には長年政権をにぎっていたホーネッカーが退陣に追い込まれ、東ドイツ政府は西ドイツとの国境を開放したのである。喜んだ東ベルリンの民衆は、歓喜のあまりベルリンの壁に群がり破壊したのだ。そして翌1990年10月3日、西ドイツが東ドイツを抱合するようなかたちで東西ドイツは再統一された。

ベルリンの壁が崩壊した年の12月、今度はルーマニアで政変がおこり、さらにチェコスロバキアでも共産党の一党独裁が崩れ、翌1990年9月、ポーランドに非共産党系内閣が誕生した。このように東欧諸国では民主化・自由化を求める空前の運動により、共産党の一党支配が次々と崩壊していった。これを東欧革命と呼ぶ。

6共和国から成るユーゴスラビアも各国の分離が進み、1991年にクロアチア、スロベニア、マケドニアが独立、翌年にはボスニア・ヘルツェゴビナが独立、セルビアとモンテネグロは新ユーゴスラビア連邦の創設を宣言した。しかし、ボスニア・ヘルツェゴビナは民族問題でセルビアに干渉するなど、国連の介入を招くほど紛争が激化する。もともと東欧は多民族混在地域で民族問題を抱えていたが、社会主義という重石がとれたことでこの問題は顕在化し、東欧全体を揺るがす事態になってしまったのである。

テーマ史4

ソ連の解体

ゴルバチョフの改革はなかなか成果が上がらず、その求心力は弱まっていった。1990年には、エストニア・ラトビア・リトアニアのバルト三国がソ連邦からの独立を宣言した。連邦の中核であるロシア共和国も、最高会議議長であるエリツィンが、「ロシア共和国の主権はソ連邦の主権に優位する」と国家主権宣言をおこなった。翌年6月、ロシア共和国は大統領制を導入してエリツィンが初代大統領に就き、ゴルバチョフと対立するようになった。

1991年になると、エリツィンはゴルバチョフ政権の打倒をとなえるようになる。一方ゴルバチョフは、台頭する保守派に妥協して改革派の閣僚を解任、リトアニアとラトビアに軍事介入をしたり、炭鉱労働者のストライキに武力制圧をちらつかせるなど、これまでの姿勢を変えていった。

さらにゴルバチョフは、新たな連邦の枠組みづくりを目指し、ロシア共和国側に新連邦条約の締結を求めた。こうした動きに危機感を強めたソ連の軍部や

KGB、ソ連邦の保守派は、条約調印直前の1991年8月19日、ゴルバチョフを軟禁して軍事クーデターを起こした。しかしエリツィンが人々に抵抗を呼びかけ、民衆の強烈な支持により、クーデターは失敗に終わった。これを機に各共和国は次々と独立を宣言。解放されたゴルバチョフも共産党中央委員会書記長を辞任、同委員会に解散を勧告、共産党を崩壊に追い込んだ。こうした流れを受け、各共和国は独自軍を立ち上げるなど独立傾向を強めた。

1991年12月25日、ゴルバチョフ・ソ連大統領は辞任を表明、翌26日、ソ連最高会議は、ソ連が消滅したことを正式に確認する採択をおこなった。こうして約70年の歴史を有するソビエト連邦は地上から消滅したのである。

なお、バルト三国とグルジアを除く旧ソ連邦の11共和国は、エリツィンが結成を推進してきた中央指令機関を持たない緩い国家連合たる**独立国家共同体（CIS）**を創設した。

テーマ史 5

国際テロと日本

２００１年９月11日——この日、世界が変わった。アメリカで同時多発テロが起こったのである。同日午前８時45分、テロリストにハイジャックされた旅客機がニューヨークの世界貿易センタービル北棟に突入。約15分後、今度は別の航空機が南棟に激突した。衝突による火災で両棟は瓦解し、２８００人以上が犠牲となった。ビル激突から40分後、今度はアメリカ国防総省本庁舎（ペンタゴン）に航空機が突っ込み、１８０人以上の国防総省職員が犠牲となった。

国際テロ組織・**アルカーイダ**の犯行だった。アメリカ政府（ブッシュ政権）は、国際テロ組織の壊滅をはかると宣言、テロの首謀者ビン・ラーディンをかくまうアフガニスタンのタリバン政権を武力で壊滅させた。

時の小泉純一郎内閣はアメリカ政府の要請をうけ、**テロ対策特別措置法**を翌月に成立させた。自衛隊がアメリカ軍のテロ撲滅作戦の後方支援をおこなうことを可能にした内容で、２年間の時限立法だった。同年11月から海上自衛隊の自衛艦がインド洋に派遣され、他国の軍艦に海上補給をおこなった。

２００３年３月、アメリカ・イギリス両軍は、テロリストの拘禁と大量破壊兵器の探索を目的にイラクへ侵攻（イラク戦争）、翌４月に首都バグダッドを落してフセイン政権を倒し、イラクはアメリカなどの連合軍の占領下におかれた。同年７月、自衛隊や文民の派遣を定めたイラク人道復興支援特別措置法が成立、翌年１月、陸上自衛隊の第１次支援隊がイラクのサマーワに派遣された。派兵にあたっては、その是非やサマーワが非戦闘地域か否かをめぐり、国内では大きな論争がおこった。

ただ、以後も国際的なテロは収まることなく、一時、イラクとシリアの国境地帯を制圧したイスラム過激派組織・**ＩＳ**（イスラム国と自称）が各地で多くのテロを実行した。その後、ＩＳは勢力を弱めたものの、世界中で過激な組織が自爆テロを起こしており、日本人もアルジェリア、シリア、チュニジア、バングラデシュなどで犠牲となった。このように２００１年を境に、各国はテロ対策に追われ、人びともその脅威におびえることになった。今後はどうテロ活動を抑え込んでいくかが、世界の最重要課題の一つになっている。

第2章

高度経済成長期

▼

終戦

❶ なぜ1955年から20年近くも高度経済成長が続いたのか?

← 池田勇人内閣が革新勢力との対決をさけ、経済政策に力を入れたから

1956年の『経済白書』には**「もはや戦後ではない」**というセンセーショナルな言葉が掲載された。日本は1945年の敗戦から10年の時を経て、経済面で大変革のときを迎えようとしていた。当時の人々は予測できなかったと思うが、日本は1955年から20年近く続く、高度経済成長期に入ったのである。

戦後、荒廃した日本経済は、1950年の**朝鮮戦争**による**特需**でにわかに活気づいた。政府も電力や造船、鉄鋼部門などの重要産業に大規模な資本を投入し、これらの産業部門でも活発な設備投資をおこなうようになった。その結果、本項冒頭の『経済白書』の前年（1955年）から、大型の好景気が到来したのである。

好況は翌年まで続いたが、神武天皇が日本を統一して以来だとして、**神武景気**と名づけられた。しかし好景気はこれで終息せず、その後も**岩戸景気**、**オリンピック景気**、**いざなぎ景気**、**列島改造ブーム**と、たびたび大型の好景気が訪れ、1955年から約20年ものあいだ日本経済は実質経済成長率で年平均10％前後の高度成長をみせた。そしてついに、敗戦からわずか23年後の1968年、国民総生産（GNP）がアメリカにつぐ世界第2位（資本主義国中）になったのである。

経済成長の外的要因としては、アメリカの支援が挙げられる。輸出の拡大で好況となったが、それは**1ドル＝360円**という、実際より円が割安で固定されていたからだ（固定相場制）。また、資源（原油）を安価で輸入できたことも大きい。

内的要因としては、日本企業が積極的にアメリカなどの技術革新の成果を導入し、最新式の設備を整えて良質で安価な製品をつくる努力を重ねたことが挙げられる。

このように様々な要因が重なり始まった高度経済成長だが、それが長期的に続いたのは、時の**池田勇人**《はやと》内閣が成長を持続させるため、国家的な支援を積極的に展開したからだ。港湾建設や幹線道路の敷設など大規模な公共事業を進めたり、海岸線を埋め立てて工業用地を造成したり、石油化学コンビナートを持つ重化学工業の工場地帯をつくったのである。

池田内閣は、貿易に関しても政経分離をかかげ、1962年、国交のない中華人民共和国と準政府間貿易（**LT貿易**）の取り決めを結び、日中貿易を拡大した。こうした政府の経済発展策により、高度成長期には第2次産業（製造・加工業など）が飛躍的に伸び、第3次産業（サービス業、商業・運輸通信業）も増加したのである。

ただ、経済成長が続く一方で、第1次産業（とくに農業従事者）人口は急減する。人手が不足した第2・3次産業が、高給を提示して農村から働き手をごっそり引き抜いてしまったからだ。このため農村の青年は工場地帯へ集団就職し、農家の世帯主さえ都会へ出稼ぎに出た。これにより就業人口に占める農業人口は、1955年に4割強だったのが、1970年代には2割弱になり、農村は過疎に悩まされる。

対して都市部は過密化し、兎小屋といわれる狭い居住空間しか確保できない人びとも多く、郊外に団地が建ち並んだ。核家族化も進み、交通事故死も急増。また後の

「過労死問題」につながる「働き過ぎ」など、さまざまな都市問題が出現した。

経済成長を求める企業は、利益を最優先し、工場から出る汚染物質を海や川や空に垂れ流し、産業廃棄物を山や谷へ投棄した。結果、各地で公害問題が発生。このため１９６０年代後半から公害反対運動が高まり、被害者が集団で企業を訴える裁判が続々とはじまった。阿賀野川水銀中毒（第二水俣病）・四日市ぜんそく・イタイイタイ病・水俣病の被害をめぐる**四大公害裁判**は、マスコミに大きく取り上げられた。これらはいずれも被害者側の勝訴に終わった。これにより多くの企業が意識を変え、政府も１９６７年に**公害対策基本法**を制定、１９７１年に**環境庁**を発足させた。

経済成長の陰で、こうしたひずみが広がっていたことも忘れてはならない。

このように、戦後の日本は様々な問題を抱えながらも、時の池田内閣による積極的な支援・環境整備もあり、飛躍的な経済発展を遂げたのである。

ではなぜ、池田内閣は経済政策に力を入れたのだろうか？

実は直前に起こった安保闘争、革新勢力との対決が影響している。

❷ なぜ池田内閣は、経済政策に重点を置き革新勢力との対決をさけたのか？

← 60年安保闘争により、日本の社会が大きく混乱してしまったから

1960年、岸信介内閣が退陣し、同じ自民党の**池田勇人**が内閣を組織した。池田首相は、「**寛容と忍耐**」というスローガンをかかげて社会党・共産党など革新勢力との正面衝突をさけ、前述のように、経済政策に重点をおく政策を進めていった。

さらには「**国民所得倍増計画**」を閣議決定した。国民総生産を10年間で2倍以上にするということだが、ようは「10年後に国民の給与を倍増させますよ」という約束だと考えてよい。現在の日本経済からすると、夢のような話だが、前項で述べたとおり、ちょうど高度経済成長の波に乗り始めていた時期なので、池田内閣はその達成が可能

だと判断、こうしたセンセーショナルな文言によって国民の支持を集めようとしたのである。じっさい、この約束はわずか7年で果たされることになった。

池田内閣がこのような経済重視のスタンスをとったのは、国民を政治・思想闘争から引き離すのが狙いだった。詳しく見ていこう。

前代の岸内閣は、革新勢力とそれを支援する国民に対し、徹底的に戦う対決政治を展開した。しかし、それが結局内閣の崩壊につながった。次代の池田内閣が「寛容と忍耐」を唱えたのは、これを反面教師としたものである。

岸内閣は、巨大労組である日教組の反対を押し切って教員の勤務評定を強引に導入。次いで警察官職務執行法の改正案を突如国会に出した。警察官の職務尋問の範囲を拡大したり、所持品検査の職権を与えたりといった内容のほか、さまざまな権限強化の条項が盛り込まれ、使い方次第では国民の権利を抑圧できる法律だった。このため「戦前の治安維持法の復活である」と革新勢力は大反対。マスコミも「オイコラ警察の復活」、「デートを邪魔する警察」、「新婚夫婦の寝室に踏み込む警官」などとあおったため、世論も反対の方向へ流れていった。それでも岸首相は、国会の会期を延ばしてでも成立させる強気の姿勢をみせたが、与党内反主流派が反対の態度をとり始めたことで、同法の成立を断念した。

このような岸首相の強硬な政治手法が、**60年安保闘争**という大混乱を招くことになる。

日本は1951年9月8日、**サンフランシスコ平和条約**に調印し、独立することになったが、同じ日、アメリカと二国間で米軍の日本駐留を認める条約を結んだ。それが**日米安全保障（安保）条約**である。ただ、この条約には不平等な内容が含まれており、岸首相は安保条約の改定を強く望んだ。そして改定に向けて1958年ごろからアメリカと交渉をおこない、1960年1月、日米相互協力及び安全保障条約**（新安保条約）**の調印に至ったのである。

しかし国内では、新安保条約への拒否感のほうが強かった。

共産党・社会党・総評などの革新勢力ら134団体でつくる**安保改定阻止国民会議**が中心となって、全日本学生自治会総連合（全学連）も協力して、一般市民を巻き込んだデモ隊が組織され、連日、国会周辺をとりまいたのである。

革新勢力は、日米安保条約の存在自体に反対していた。このような軍事的な条約を結んでいれば、極東で戦争が起こったとき、米軍の基地がある日本列島は争いに巻き込まれてしまうと考え、反発したのだ。

そうした反対の声を承知で、岸内閣は今回も、強引に事を進めようとした。なんと、警官隊を議会（国会議事堂）に引き入れ、同年5月、衆議院において野党の反対を押し切って、条約批准を強行採決してしまったのである。国民も革新勢力も、採決直前まで首相の意図をはかりかねていた与党の一部も、まさに青天の霹靂だった。警官隊の導入は、国会の会期延長を宣言した際の混乱をおさえるためだと思っていた議員が多く、まさか強行採決するとは考えていなかったという。

これにより安保闘争は、岸内閣退陣運動へ移行していった。

自民党反主流も、世論を利用して倒閣に動いた。

巨大なデモ隊は連日国会を包囲し、東大生・樺美智子が警官隊と衝突した際、死亡するという痛ましい事件も起こった。一部の世論は激怒し、「岸を殺せ」という物騒なプラカードをかかげるデモ参加者も現れる始末だった。こうした混乱のため、決定していたアイゼンハウアー米大統領の訪日は中止となった。

結局、新安保条約の批准案は衆議院優越の原則により、参議院の議決をみないまま、6月に自然成立した。これを見届けたうえで、岸内閣は混乱の責任をとって総辞職したのである。この大規模な反対運動を**60年安保反対闘争**と呼ぶ。

前任の岸を見ていた池田は「革新勢力との全面対決は政治の混乱を招くだけだ」と考えたのだろう。革新勢力と妥協し、経済発展に重点をおいた政策を進め、結果的に政治の安定に成功した。

時代は、政治の季節から経済の季節へと移行していったのである。

では なぜ、岸内閣は強引に安保条約の改定を進めたのだろうか?

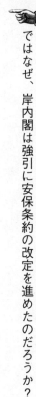

❸ なぜ岸内閣は日米安保条約の改正を強引に進めることができたのか？

←自民党が一党優位の状態にあったから

前項で述べたように、空前絶後の大規模なデモ＝安保闘争がおこったのは、やはり**岸信介**内閣が強引に安保条約を改定しようとしたところにあったといえる。それにしてもなぜ岸内閣は、これほどまで強硬に条約を改定しようとし、またそれが実現できたのか——。

最大の理由は、自民党が一党優位の状態にあったからだ。

先述のとおり、日米安保条約は、日本にとって不平等なものであった。

サンフランシスコ平和条約が調印された日に、日本はアメリカと安全保障条約を結んだが、この条約には期限が明示されておらず、永久に米軍が国内に駐屯し続けることが可能になっていた。そのうえ、アメリカの日本防衛義務も明文化されておらず、「日本の防衛に寄与する」というあいまいな文言でごまかしていた。さらに翌年、28カ条におよぶ詳細な日米行政協定が結ばれ、日本は米軍に基地の敷地を無料で貸し、駐留経費まで分担してあげることになった。これでは到底、割にあわないだろう。しかも、それだけではない。安保条約には、日本国内で内乱が起こったとき、米軍は日本政府に許可なく、軍事行動ができるという規定が存在したのである。これは明らかに内政干渉といえるし、まるで日本はアメリカの属国だ。岸内閣はこうした不平等な条項を廃して、双務的なものへ改正しようと考えたのである。

岸首相はアメリカ政府との改定交渉に乗り出すにあたり、国防会議を開催して日本国の国防方針を策定し、これに沿って防衛力整備計画をすすめていった。日本政府の努力をアメリカにアピールすることで、これまで安保改定に難色を示してきたアメリカ政府を軟化させようとしたのである。

ちょうどこの頃のアメリカは、海外基地については縮小し、米軍基地のある国に自主的な防衛努力を払ってもらおうと軍事政策を転換しつつあった。それも追い風となって岸内閣の要請は受け入れられ、日米間での協議がはじまった。

その結果、「新安保条約の期限は10年。米軍には日本防衛の義務がある。米軍の軍事行動については、日本政府と事前に協議する」という主に3点の合意がなされ、1960年1月に日米相互協力及び安全保障条約（新安保条約）の調印が実現した。不平等はかなり解消されたのである。

しかし前項で述べたように、これが安保闘争という空前の規模ともいえる政治的大混乱を生んだのだった。岸内閣は野党の反対を押し切り、警察隊を議会に動員するなどして、衆議院で強行採決をした。いずれにせよ、このような強引な手段が取れたのは、当時の自民党が衆参両院で過半数の議席を持っていたからだ。

つまり岸内閣は、一党優位を背景に、強引に安保条約改定を進めたのである。

ではなぜ、自民党は一党優位の状態にあったのか？

それは1955年に保守合同が実現したためだが、これは同年に起こった野党の動きがきっかけであった。

❹ なぜ保守一党優位の55年体制が確立したのか？

← 社会党の躍進により、日本の経済界が国の社会主義化を心配したから

岸信介内閣が強硬に安保条約を改定しようとしたのは、自民党が議会で安定多数の議席を握っていたからである。岸内閣が成立した翌1958年5月、自由民主党（自由党）が誕生して初めての衆議院選挙で、自民党は安定多数を獲得したのだ。

実はこれより前、日本の政治はかなり揺れていた。さかのぼること1955年、衆議院選挙で革新勢力が大躍進を果たしたのである。そのため日本に革新政権が生まれる可能性も出てきて、これを阻止すべく自民党が生まれることになるわけだが、そのあたりの経緯を以下で詳しく見ていこう。

話は敗戦翌年の１９４６年までさかのぼる。

自由党の吉田茂は、１９４６年５月に政権の座についてから、一時中断をはさんだ（片山哲・芦田均《ひとし》内閣）が、あわせて７年間もその座に居続けた。吉田はアメリカと協調して政治を進め、ワンマンと評されるように時には独断で難局を乗り切ってきた。だが、西側諸国との片面講和となるサンフランシスコ平和条約に調印して日本の独立を果たすと、内閣の交代を求める声が強くなって支持率は下降、１９５３年の解散総選挙では与党の自由党は過半数を割ってしまう。

ちなみにこの総選挙は俗に**「バカヤロー解散」**と呼ばれる。衆議院予算委員会の席上で腹を立てた吉田が、野党議員に「バカヤロー」と言い、野党からの不信任決議が可決されたため解散したからだ。これより前、公職追放されていた自由党の大物政治家・鳩山一郎が政界に復帰するが、鳩山は吉田と激しく対立、ついに１９５４年に自由党から出て**日本民主党**をつくった。

ちょうどそんなおり、政治家たちが造船・海運会社から多額の賄賂をもらった事実が発覚、なんと当時の自由党幹事長・佐藤栄作も事件に関与していた。そこで検察庁は、法務大臣の犬養健に佐藤逮捕の許可を求めたのだが、犬養は指揮権を発動する。

法務大臣が検察官に指揮できる権利を用いて、国会で重要な法案を審議していることを理由に、佐藤の逮捕を無期延期させたのだ。

これで世論が激高、国民の非難を浴びた吉田内閣は総辞職に追い込まれた。

かわって1954年12月、鳩山が日本民主党を率いて内閣を組織、ソ連との国交回復と改憲に強い意欲をしめした。

ところが1955年2月の総選挙で、野党の**日本社会党**が3分の1以上の議席数を獲得したのだ。これは、改憲を阻止できる数であった。当時の社会党は、サンフランシスコ平和条約の可否をめぐって左派と右派に分裂し、完全に別々の政党のように活動していた。しかし選挙での大躍進を機に、同年10月に再統一を果たしたのである。

こうした革新勢力の台頭に、財界は強い危惧の念を抱いた。場合によっては革新勢力が政権を獲得し、日本の社会主義化が進行するかもしれないからだ。このため財界は、保守勢力の結集に期待し、自由党と日本民主党の合流を切望した。こうした要望を受け、社会党統一から1カ月後の1955年11月、自由党と日本民主党の合併が実現し（保守合同）、自由民主党という巨大な保守政党が誕生したのである。

先述のとおり、1958年の衆院選以降、自由民主党（保守）と日本社会党（革新）

という2大政党が政界を二分するが、自社の議席数はほぼ2対1のまま推移し、自由民主党の長期政権が約40年続くことになる。こうした保守一党優位の政治体制は、1955年に確立したことから**55年体制**と呼ばれる。

55年体制は、1993年の宮澤喜一内閣まで続いた。同年の総選挙で自民党の議席数が過半数を割り、宮澤内閣は退陣。代わって、日本新党の細川護煕を首相とする非自民8党会派の連立内閣が発足したことで、この体制は崩れた（**55年体制の崩壊**）。

話を1955年に戻そう。

保守合同により生まれた自由民主党の初代総裁には、日本民主党の総裁だった鳩山一郎が就任した。鳩山は新党を率いて第3次内閣を組織し、改憲はできなかったが、1956年には**日ソ共同宣言**を締結してソ連との国交を正常化し、同年12月には**国際連合への加盟**を果たした。これにより日本は国際復帰し、鳩山は政界を引退した。跡を継いだのは自民党・石橋湛山《たんざん》であったが、体調悪化を理由に在任65日で首相の座を降りる。その後任に指名されたのが岸信介であった。

1957年2月に政権の座に就いた岸は、前内閣の閣僚を横滑りさせた居抜き内閣でスタートし、先述のとおり、１９５８年5月に自民党になってから初めての解散総選挙に打って出たのである。結果、自民党が２８７議席、日本社会党が１６６議席となり、自民党が安定多数を獲得する。さらに翌年の参院選挙でも自民党は勝利し、安定過半数を確保した。こうして保守一党優位の状態になったことで、岸は自信を深め、強気路線に出ることができたのだ。

このようにさかのぼってみると、日本の社会主義化への警戒感が自民党政権の基盤である55年体制を生み出し、その数の力を背景に、岸は強引に日米安保条約の改定を推し進めたのだと分かるだろう。

ではそもそも、なぜ日本は不平等な日米安保条約を結んだのだろうか？

西側諸国との片面講和条約であるサンフランシスコ平和条約と併せて、次項で詳しく見ていこう。

❺ なぜ日本は社会主義陣営との講和を断念し日米安保条約を結んだのか？

←吉田茂内閣が再軍備の負担を避けて、経済復興に全力を注ごうとしたから

敗戦によりGHQ（連合国軍最高司令官総司令部）の統治下におかれた日本は、1951年9月、サンフランシスコ平和条約に署名し主権を回復する。これは西側諸国との片面講和であった。また同日、日本はアメリカと安全保障条約を結ぶ。これにより日本が独立した後も、米軍が日本国内にとどまることとなった。

なぜ日本は日米安保条約を受け入れたのか？

その背景には、国内の経済事情があった。以下、詳しく見ていこう。

まだ日本がアメリカ（GHQ）の占領下にあった1950年の6月。中華人民共和国の成立に触発された北朝鮮は、朝鮮半島の統一を目指し、北緯38度線を越えて大韓民国へ侵攻、**朝鮮戦争**が勃発した。

国連の安全保障理事会は北朝鮮を侵略者とみなし、国連軍（米軍が中核）による武力制裁を決定した。半島南端まで追いつめられた韓国政府だったが、国連軍の支援を受けて、北朝鮮軍を押し返していった。しかしその後、中国の人民義勇軍が北朝鮮軍を援護し、戦線は北緯38度付近で膠着状態に陥ってしまう。

結局、両国間で**休戦協定**（1953年）が結ばれるまで3年の月日を要した。

朝鮮戦争は、日本に様々な影響を及ぼした。一つは経済面での影響だ。

半島で戦う米軍の拠点は日本の軍事基地であったから、戦争に必要な物資を米軍は大量に日本企業に発注してくれた。この戦争での**特殊需要（特需）**が、低迷していた日本経済を好転させるきっかけとなったのは、前述したとおりだ。

また経済面以外でも、影響は大きかった。GHQは、日本での共産主義勢力の拡大を恐れ、それらを一掃しようと、日本政府に日本共産党幹部の公職追放を指示した。このため多くの職場で共産党員とその同調者が追放された（**レッドパージ**）。その一方で戦犯を出獄させたり、公職追放者を解除したりしていった。

また、朝鮮半島へ出撃した米軍の軍事的空白を埋めるため、GHQは日本政府に**警察予備隊**の新設を命じた。警察といっても実質的には重装備の軍隊であり、敗戦からわずか5年後、日本は再軍備することになった。


占領直後は徹底して日本の弱体化をすすめたアメリカだったが、冷戦激化という国際情勢の変化に伴い、日本を早く独立させて共産主義の防壁としたいと考えるようになる（※詳細は次項で解説）。だが、東西陣営の関係が冷え切っていた当時、日本が主権を回復すれば西側（自由主義陣営）につくことは明白で、ソ連など東側諸国（社会主義陣営）が日本との講和に応じる可能性は極めて低かった。

そこでアメリカは、日本が連合国（太平洋戦争で敵対した国々）すべてと講和を結ぶのは困難だと判断、西側陣営のみとの講和（単独講和）を日本政府へ要請したのだ。

このときの内閣は、第3次吉田茂内閣であった。吉田首相は、日本の経済発展を第一に考え、賠償責任を軽くしてもらうことを条件に同意、全面講和（東側を含む講和）を主張する労働組合や革新系勢力の反対を押し切り単独講和を進めた。経済界をはじめ、国民の多くも早期の講和条約の調印を望んだ。

こうして1951年9月、サンフランシスコで講和会議が開かれ、日本はアメリカをはじめとする連合国(48カ国)と講和条約を結び、翌年、主権を回復することになった。ソ連は会議に出席したが、条約内容に反対し調印しなかった。戦争で最大の被害を受けた中国については、中華人民共和国と中華民国(台湾)の2国とも会議に招かれなかった。どちらを代表政府とするかでアメリカとイギリスの意見が対立したからだ。

ともあれ、多くの国が賠償請求権を放棄してくれたため、日本は賠償金の支払いを基本的に免れ、順調な経済復興をとげることができた。フィリピン、インドネシア、ビルマ、南ベトナムには賠償金が支払われたが、それが逆に日本企業の経済進出の機会となった。

冒頭で述べたとおり、日本独立後も米軍が日本国内にとどまったのは、サンフランシスコ平和条約が調印された日に、**日米安全保障条約**が締結されたからだ。

同条約は「日本が独立した後も、極東の安全と平和を守るため、米軍の駐留を容認する」というものだった。吉田茂首相は「日本が自己防衛体制をとれば、莫大な費用がかかり経済復興が遅れる。国防は米軍にまかせてしまおう」と考え、この安保条約の調印に同意したのである。

アメリカにとっても、日本国内に基地を置くことは、東アジアの共産主義化を防ぐことにつながり、メリットがあった。さらに翌年、日米行政協定が結ばれ「日本は米軍に基地（施設・区域）を提供し、駐留米軍の経費を分担する」という、日本に駐留する米軍には大きな特権が与えられることになった。

このように振り返ると、当時の国際情勢の変化からくるアメリカの思惑（東アジアの共産主義化防止）と、日本国内の経済的な側面（国防より経済復興を優先）が重なり、サンフランシスコ平和条約と同時に日米安保条約が結ばれたのだと分かるだろう。

次項では、これらの条約が結ばれた背景、すなわち当時の国際情勢の変化について詳しく解説したい。

そもそも、なぜアメリカは日本の占領政策を転換し、再軍備と経済復興を促したのだろうか？

❻ なぜアメリカは占領政策を転換し、日本に再軍備と経済復興を促したのか？

←米ソの冷戦が激化し、日本を西側陣営の砦にしようと考えたから

アメリカがこれまでの日本の占領政策を転換し、急ぎ日本に単独講和をすすめ、主権を回復させて国際社会に復帰させたのにはワケがある。日本を強い国家にして、自分の味方にするためである。詳しく見ていこう。

第2次大戦後、アメリカとソ連の関係が悪化、互いに軍拡競争に励み、国際社会で主導権争いを始めた。こうした状態を**冷たい戦争（冷戦）**と呼ぶ。ソ連は大戦中に併合したバルト3国にくわえ、ポーランド、ルーマニアなど東欧を影響下において社会

主義陣営（東側）をつくりあげた。対してアメリカも、イギリスやフランスなど西ヨーロッパ諸国との関係を強化し、自由主義陣営（西側）を構築した。

この頃、中国では**蔣介石**《しょうかいせき》の**国民党**と**共産党**が再び内戦を始めるが、戦いは共産党の勝利に帰し、1949年10月、**毛沢東**を主席とする**中華人民共和国**が誕生した。同国は翌年、中ソ友好同盟相互援助条約を結んで東側陣営の一員となった。

日本の植民地だった朝鮮半島は、北緯38度線を境に南部をアメリカが、北部をソ連が分割統治していたが、1948年、半島南部で**李承晩**を大統領とする**大韓民国（韓国）**が、北部で**金日成**を首相とする**朝鮮民主主義人民共和国（北朝鮮）**が建国された。そして北朝鮮は、東側陣営に組み込まれた。

このように東アジアの社会主義化が進むと、アメリカは対日占領方針を転換する。当初は、日本を二度と自国に反抗できない弱小国家に改変しようと考えていたが、経済的に自立させたうえで、東アジアにおける西側（自由主義陣営）の防壁にしようと決めたのだ。こうして1948年12月、GHQは第2次吉田茂内閣に**経済安定9原則**の実行を命じたのである。

「予算の均衡、徴税の強化、資金貸出の制限、賃金の安定、物価の統制、貿易の改善、

物資割当の改善・増産、国産原料・製品の増産、食糧集荷の改善」

この9つの策により、急ぎ日本経済の自立化をはかろうとしたのだ。

さらに翌年、アメリカ政府はデトロイト銀行の頭取ドッジを特別公使として日本へ派遣する。ドッジは、日本政府に赤字を許さない超均衡予算を編成させた。これによってインフレと赤字財政を一気に解消しようとしたのだ。

GHQと日本政府は、太平洋戦争で壊滅的な打撃を受けた日本経済を修復するため、戦後すぐからさまざまな復興政策を実施してきた。莫大な復興融資や補助金、失業対策費を出したのだ。しかし、そのために紙幣は増刷されて市場にあふれ、物不足とあいまって貨幣の価値は暴落、猛烈なインフレーションがおこっていた。

そこでドッジは超均衡1949年度予算を組ませ、補助金のカットや公務員の削減を断行させ、インフレと財政赤字を一気に解消しようとした。同時に単一為替レートを設定して1ドル＝360円に固定、日本経済をアメリカのドル経済圏に連動させ、円を国際経済に復帰させた。しかも、必要以上に安く円をドルに固定し、円安状態で輸出を振興させようとした。こうした一連の経済施策を**ドッジ＝ライン**と呼ぶ。

同年、コロンビア大学の教授シャウプを団長とする税制使節団が来日。シャウプは、恒久的な税制の確立をはかるため、所得税などの直接税中心主義への移行、法人税の軽減や地方税制の再編強化などを柱とする税制大改革を勧告**（シャウプ勧告）**した。これを受けて日本政府は、１９５０年の税制改革で勧告をほとんど実現させた。ドッジ＝ラインによって赤字財政は一気に黒字に転換、インフレも収まっていき物価は安定した。その一方で、企業や公務員の人員整理で大量の失業者が発生、不況が深刻化して中小企業はバタバタ倒産していった。労働者の労働条件も悪化したので、日本共産党や産別会議などの労働組合が激しく反発し、デモやストライキが頻発、労働運動は空前の盛り上がりを見せた。

けれど、こうした経済自立化政策を強行しても、日本経済は上を向かなかった。だが、１９５０年に朝鮮戦争が勃発すると、その状況が大きく変化する。

このように振り返ってみると、日本はかなりの短期間に、アメリカの都合で国の形や在り方を大きく変えたことが分かるだろう。

ではなぜ、日本は短期間で民主主義・自由主義国家になれたのだろうか？

7 なぜ日本は短期間で民主主義・自由主義国家になれたのか？

←アメリカが日本を弱体化させる占領統治方針をとっていたから

アメリカの占領政策の転換によって、日本の統治方針は大きく変わった。

それまでアメリカは、日本を二度と自国に逆らうことのできない弱国にしてしまおうと考え、日本の**民主化**と**非軍事化**をかかげ、マッカーサー元帥率いるGHQがすさまじいまでの抜本的な改革をおこなったのだ。

まずは、膨大な日本軍を短期間で武装解除し、各家庭に復員させたあと、日本政府に民主化政策を断行させていった。

ポツダム宣言を受け入れ辞職した**鈴木貫太郎**内閣にかわり、終戦後はじめて内閣を組織したのは**東久邇宮稔彦王**《ひがしくにのみやなるひこおう》であった。だが、この皇族首班内閣は、数カ月で総辞職する。それは政治犯の釈放、思想警察の廃止、治安維持法の撤廃など、矢継ぎ早に出されるGHQの民主化指令に対応できなかったからだ。

しかしGHQは民主化の手をゆるめることなく、次に内閣を組織した幣原《しではら》喜重郎に対し、マッカーサーが口頭で以下の改革を速やかに実施せよと命じた。

「女性の解放、労働組合の結成促進、教育の自由主義化、圧政的諸制度の撤廃、経済の民主化」

これを五大改革指令と呼び、幣原内閣と続く第1次吉田茂内閣は、この指令にもとづく改革を進め、一気に日本を民主主義国家に変えていったのである。

本項では、具体的にその過程を見ていこう。

戦前の農業は地主が小作人に土地を貸し付け、高額な小作料を物納させる寄生地主（封建的土地）制度を骨幹としていたが、幣原内閣は寄生地主に放出させた土地を小作人に安く譲り渡し、大量の自作農を創設させる第1次**農地改革**案をつくった。

しかしこの案は不十分とされ、続く第1次吉田茂内閣が第2次農地改革を実施した。

不在地主（貸付地がある村に居住していない地主）の貸付地は一切認めず、在村地主も1町歩までに制限するというもので、この枠を超えた土地は国家が強制的に買い上げ、極めて安い値段で小作人に売り渡した。土地の買収と売り渡しは各市町村の農地委員会が担当した。こうして農地改革の結果、大量に自作農が創出され、寄生地主制度は崩壊したのである。

戦争を支援したとして巨大資本である財閥も解体されることになった。けれど実際のところは、経済の民主化という名のもと、日本経済を弱体化してしまおうとする意図があった。

財閥解体は1945年から始まり、同年11月、三井、三菱、住友、安田など15財閥の資産を凍結。翌年、持株会社整理委員会をつくり、持株会社（財閥本社）は解体され、財閥の株式は民間に放出された。1947には独占禁止法を定め、持株会社の結成や企業のカルテル・トラストを禁止した。

同年には過度経済力集中排除法を制定、独占的な寡占企業と見なされた場合、小さく分割されることになった。こうして325社が指定され細分されることになったが、実際に分割されたのは11社にとどまった。また財閥の資金源だった銀行の解体には手がつけられず、やがて銀行が中核となり旧財閥は企業集団として復活していった。財閥解体が不徹底に終わったのは、前述のとおり、アメリカが日本の占領方針を転換し、日本経済の自立化をはかることにしたからだ。

1946年1月には**公職追放令**が出され、戦争に協力した各界の指導者21万人が責任を問われ職を追われた。すでに前年9月から戦争犯罪者容疑者（戦犯）の逮捕が始まり、平和に対する罪を犯した戦争全般にわたる責任者28名が**A級戦犯**として逮捕・起訴された。そして、東京市ヶ谷の旧陸軍士官学校大講堂を極東国際軍事裁判所とし、東条英機元首相ら7名が死刑判決を受け、小磯国昭元首相ら16名が終身禁固などに処せられた。

また、通例の戦争犯罪者（B・C級戦犯）5700名が起訴され、関係諸国の裁判所で裁かれた。ただ、この裁判は連合国が敗者である日本を一方的に裁くという性質であったため、公正でない部分もあった。たとえば中国で人体実験をおこなった731部隊（細菌戦部隊）は、実験データの提供と引き替えに免責された。また、米軍の無差別本土爆撃や原爆投下、日ソ中立条約を破ってのソ連の対日参戦など、国際法上非難される行為については、戦勝国ゆえ一切問題にされることはなかった。

東京裁判の判事インドのパールは「この裁判は勝者が敗者を裁く復讐に過ぎない」として A 級戦犯全員の無罪を主張した。

昭和天皇の戦争責任は、問われなかった。天皇を処罰、あるいは天皇制を廃止した場合、日本の統治に支障を来すと判断し、GHQが積極的に天皇を利用しようと考えたからだとされる。

教育分野では、軍国主義を熱心に生徒に説いた教師を追放し、教科書の中で軍国主義や天皇制礼賛など不適当な部分を墨やインクで塗りつぶさせた。また修身・日本歴史（国史）・地理の授業を停止し、3教科にかわって「戦後日本の民主主義社会をになう公民の育成」を目標にかかげた**社会科**を設置、この教科を中心にアメリカ流民主主義教育が施されていった。

1947年、アメリカ教育使節団の勧告により、教育勅語にかわる**教育基本法**を制定、教育の機会均等、男女共学の原則が明記された。

労働の民主化をはかるため、労働組合の結成を奨励したが、1945年12月には、労働者の団結権・団体交渉権・争議権を保障する労働組合法が成立。翌年、政府が労資間の紛争を斡旋・調停・仲裁する労働関係調整法、さらに翌年、労働条件の最低基準を定めた労働基準法が制定された。この３つをあわせて**労働三法**と呼ぶ。

１９４６年には労働組合の全国組織として社会党の指導をうけた日本労働組合総同盟と共産党の指導をうけた全日本産業別労働組合会議が発足した。

マッカーサーは１９４５年10月、幣原喜重郎内閣に憲法改正を指示した。幣原内閣は**憲法問題調査委員会**を立ち上げ、委員長の松本烝治は、翌年２月、「憲法改正要綱（松本私案）」をGHQへ提出した。

しかし天皇の統治権を容認する内容だったのでマッカーサーは拒絶した。そしてGHQの民政局が中心になって短期間で草案を作成、これが基本的に政府原案となり、天皇の同意を得たうえで帝国議会にはかられた。内閣は幣原から第１次吉田茂内閣にかわっており、吉田内閣のもとで憲法草案は枢密院、衆議院、貴族院で可決され、１９４６年11月３日に**日本国憲法**として公布された（施行は翌１９４７年５月３日）。

新憲法は、**主権在民、基本的人権の尊重、平和主義**を**三原則**とし、とくに憲法第９条では戦争の放棄が明記されるという、前例のない画期的な平和憲法であった。

国家元首だった天皇は、新憲法では一切の政治的機能を持たない、国民統合の象徴と規定された。また、国民が直接選挙する国会を国権の最高機関と位置づけた。

この新憲法の制定（形式的には大日本帝国憲法の改正）は、GHQの日本における非軍事化・民主化の総仕上げだといえ、新憲法の精神にもとづき、民法、刑法、刑事訴訟法などが一部あるいは全面改正され、民主的な法体系ができあがっていった。

このように、アメリカはそもそも日本の軍国主義を解体し、国力を弱める目的で、民主化と非軍事化を進めていたのだ。それが国際情勢の変化から大きく方針転換し、「西側陣営の砦」として「独立させるため」にと、目的が変化していく。

それにしてもなぜ短期間で、当時の日本が大きく変われたのかといえば、それはアメリカの単独統治下にあったからだ。

☞ではなぜ、日本はアメリカに単独統治されていたのだろうか？

⑧ なぜ日本は連合国に降伏したのに、アメリカに単独統治されたのか？

←太平洋戦争で完膚なきまでに日本を敗北させたのはアメリカだったから

無条件降伏を勧告した**ポツダム宣言**を日本軍が受け入れた後、すぐにアメリカ軍が日本国内に進駐してきた。ただ、イタリアやドイツのように直接軍政はしかれず、連合国軍の統治機構が日本政府に指令や勧告を与え、それにもとづいて日本政府が政治をおこなう間接統治という手法がとられた。日本の主権が及ぶ範囲は北海道、本州、四国、九州の4島と附属の島々に限定された。

日本統治の最高機関は米英ソ中など11カ国で構成され、ワシントンに本部をおく**極東委員会**であった。この委員会が占領方針を考え、アメリカ政府を経由して**GHQ**

(連合国軍最高司令官総司令部)に伝達される仕組みになっていた。このため、アメリカ政府に都合のよい政策しか実施されなかった。また、東京には米・英・ソ・中で構成されるGHQの諮問機関である**対日理事会**がつくられたが、最高司令官のダグラス・マッカーサーはあまり諮問しなかったので、日本統治はアメリカ政府の意向を受けたGHQが主導するかたちとなり、実質的に日本はアメリカに単独統治される状況となったのである。

このようにアメリカが完全に日本統治の主導権を握ったのは、日本軍がアメリカ軍に完膚なきまでに敗北したからである。本項で詳しく見ていこう。

太平洋戦争の緒戦では連勝していた日本陸海軍だったが、1942年6月のミッドウェー海戦で日本海軍が大敗北した後、次第に劣勢となり、同年12月には占領下においたガダルカナル島から撤退、翌年5月にはアリューシャン列島の西端アッツ島の日本軍守備隊が米軍の猛攻を受けて全滅した。

以後、アメリカ軍は大兵力を太平洋上に散開させ、反攻に転じた。このため日本の大本営(戦時に置かれる天皇直属の最高の軍事統率機関)は戦線を縮小することに決め、死守すべき絶対防衛圏を設定した。

しかし１９４４年６月、アメリカ軍は絶対防衛圏内のサイパン島に空爆を開始、同月15日、７万以上の大軍を同島へ上陸させ、約半数の日本軍を追いつめていった。日本の連合艦隊はサイパン島の攻略を断念させるため、総力を結集してアメリカの機動艦隊に決戦（マリアナ沖海戦）をいどんだが、物量と兵器の差で惨敗を喫し、７月７日にサイパンの日本守備軍は全滅した。

戦死者は民間人を含め４万人を超えたが、同島が陥落したことで防衛圏に大穴があき、本土は直接空爆の危険にさらされることになった。このため責任を問われた東条英機内閣は総辞職を余儀なくされた。

東条内閣瓦解後、内閣を組織したのは陸軍大将の**小磯国昭**であった。小磯は戦争に勝ち目はないと判断、ソ連を仲介に密かに和平交渉をすすめたが、国民に対しては「一億総玉砕」、「本土決戦」をとなえ戦意を高揚させた。とくに本土決戦にそなえ、国民には竹槍訓練が推奨された。

だが、サイパン島陥落以後、長距離爆撃機B29が直接日本列島に飛来、無差別に空爆を始め、大都市のみならず中小都市も甚大な被害を受け、多くの日本人が犠牲になった。1945年3月の**東京大空襲**では334機のB29が2時間半にわたり雨のごとく焼夷弾を投下し続け、10万人以上の人命が失われた。翌4月にはついに沖縄本島に米軍が上陸。その責任を負って小磯内閣は総辞職した。**沖縄戦**では日本軍が激しく抗戦、民間人も戦いに参加、中学生や女子学生を含め9万人の日本兵と10万人以上の非戦闘員が犠牲になった。

同年5月にはドイツが無条件降伏し、日本は完全に孤立してしまった。英米中の連合国は同年7月に**ポツダム宣言**を発し、日本軍に無条件降伏を勧告した。鈴木貫太郎内閣や陸海軍首脳は、「もはや降伏は止むを得ない」と考えていたが、天皇制が維持できるかわからなかったこともあり、ポツダム宣言を黙殺することに決めた。

この態度を拒絶とみなしたアメリカ軍は同年8月6日、**広島**に**原子爆弾**を投下。さらに8月8日には、有効期限内であった日ソ中立条約を破ってソ連が日本に宣戦布告、満州国や朝鮮半島（日本の植民地）にソ連軍がなだれ込んだ。翌9日には再び**長崎**に原子爆弾が投下された。原爆は数十万人の命を奪う大量破壊兵器であり、仲介役を期待していたソ連が公然と裏切ったことで、御前会議での昭和天皇の決断により、ポツダム宣言の受諾が決定された。

かくして同月14日、その決定を連合国側へ通告、翌15日には天皇自らがラジオ放送（録音）で国民に敗北を知らせたのである。

9月2日、日本全権の重光葵《まもる》外相と陸軍の梅津美治郎《よしじろう》参謀総長が、東京湾の軍艦ミズーリ号上で降伏文書にサイン、ここに3年半以上にわたった太平洋戦争に終止符が打たれ、日本は連合国（実質はアメリカ）の占領下に置かれることになったのである。

ではなぜ、日本は太平洋戦争でアメリカに負けたのだろうか？

❾ なぜ日本は太平洋戦争でアメリカに負けてしまったのか?

← 日米で圧倒的な国力の差があったのに戦いを挑んでしまったから

和平のための日米交渉が決裂したことで、1941年12月8日、ハワイ（オアフ島）の真珠湾基地を日本海軍の連合艦隊が奇襲攻撃し、太平洋戦争の火ぶたが切って落とされた。同時に日本陸軍も、イギリスの植民地のマレー半島に侵攻した。

この**真珠湾攻撃**では、連合艦隊の機動艦隊は敵の戦艦4隻を撃沈し、敵機321機を破壊した。そのほか多くの艦船にダメージを与える大勝利となった。

しかしこの奇襲攻撃が、戦争に消極的だったアメリカ国民の怒りに火をつけてしまった。というのは、宣戦布告する前に不意打ちするかたちで日本軍が真珠湾に襲来したからである。だから以後、アメリカ国民は**「リメンバー・パールハーバー（真珠湾を忘れるな）」**を合言葉に一致団結して戦争に邁進することになった。

確かに真珠湾攻撃は、結果的には卑怯な不意打ちとなったが、じつは日本政府は、攻撃の直前にアメリカ政府へ最後通牒を発していたのだ。最後通牒とは、一般的には、争いを平和的に解決するための外交交渉の打ち切りを相手に通告するものであり、以後は実力行使も辞さないことを意味する文書。つまり宣戦布告に等しい意味を持つ。ところがなぜか、ワシントンの日本大使館員がアメリカ政府にそれを手渡すのが遅れ、結果として不意打ちとなったのである。痛恨の外交的失策といえた。

太平洋戦争はその後も日本軍が連戦連勝を重ね、翌年の夏までに東南アジアのほぼ全域を占領下に置いた。

日本は、この対米英戦を**大東亜戦争**（戦後は太平洋戦争と呼ばれる）と称した。「西欧白人国家に支配されてきたアジアの人々をその支配から解放し、日本を中心とした共存共栄の大経済圏・文化圏（大東亜共栄圏）をつくる」というのが対米英戦争の目的だと、内外に誇示するためである。そして実際、占領下に置いたビルマ（現ミャンマー）やフィリピンなどに独立の確約を与え、あるいは実際に独立させていった。このため当初、占領地域の住民は積極的に日本軍に協力した。

ところがやがて、日本軍が容赦なく占領地域から資源を持ち去り、住人を強制労働に駆り立て、さらには日本語学習を強要するなどしたため、対日感情は急速に悪化していった。

なお、まことに驚くべきことであるが、日本陸海軍は、ここまで自軍が勝つとは思っていなかった。だから、今後さらに戦線を拡大するかどうかをめぐって、陸軍と海軍がもめる始末だった。

陸軍は現状維持を主張したのに対し、海軍はさらなる拡大を要望した。結局、折衷案が採られたが、いずれにせよ、軍部は当初からアメリカに勝てるとは考えていなかったわけだ。その認識は、当然であった。そもそも日本とアメリカとは国力の差がありすぎる。

たとえば、戦争開始の段階（1941年）で、アメリカの石油生産量は日本の500倍、石炭は9倍、鉄鉱石は74倍だ。航空機生産量もアメリカは日本の約4倍。しかもその差は年々開いていき、１９４４年には5倍になっている。

こんな大国を相手に、そもそも勝てるはずがないのだが、戦いを挑んでしまったのである。案の定、開戦から1年もすると、アメリカの戦時体制が整い、次第に日本は劣勢に追い込まれていく。

では、なぜ日本はそんな無謀な戦争に突入したのか？
その理由については次章で詳しく説明しようと思う。

テーマ史 6

戦時中の国民生活

１９３７年に日中全面戦争、さらに１９４１年に太平洋戦争が始まり、国民の暮らしは急速に苦しくなっていく。けれど政府は「ぜいたくは敵だ！」、「欲しがりません勝つまでは！」といった標語のもと、さらに生活を切りつめさせ、すべての物資を戦争へ注ぎ込もうとした。１９４０年、政府は農家の米を安く買い上げ（供出制）、翌１９４１年８月からは金属類回収令を制定して一般家庭に鉄や銅製品の提出を命じた。１９４２年５月になると、寺院の梵鐘や仏具も供出させられ、翌年には硬貨（アルミ貨以外）は紙幣やアルミ貨と交換された。さらに戦局が悪化するとアルミ貨も回収され、土を焼いた陶貨（陶製の貨幣）と交換された。

１９４０年から一般家庭の消費財にも**配給切符制**が導入された。最初の対象はマッチと砂糖。地方自治体が各家庭に通帳や回数券を配布、それと引きかえで品物を受けとる仕組みだ。１９４２年からは衣料も点数による切符配給制となり、終戦直前にはほとんどの品物が切符配給制となった。六大都市（東京・大阪・名古屋・京都・神戸・横浜）では、1941年4月から各家庭に米穀配給通帳が配布され、主食の米も1人1日2合3勺（330グラム）という割当配給制度がはじまり、この規準と制度が全国へ広がっていった。

この配給量は、日本人1人あたりの米消費量に比べると2割も少なく、他の食品で栄養を補給しなくてはならないが、戦況が悪化すると、米が遅配となったり、麦やイモなどの代用品で我慢させられた。このため成人男性は1日2500キロカロリー必要なのに、1942年には2000キロカロリー、1945年には1793カロリーにまで落ち、戦争を続けるどころの話ではなくなってしまった。このままでは餓死の危険すらあり、国民は違法な**闇市**を利用しなければ生きていけなくなり、政府も戦争末期には黙認するようになった。

極端な品不足は、政府の物価統制を無視して悪性のインフレ（物価上昇）を誘発、貨幣も機能しなくなり、農家や闇市も紙幣で品物を売らなくなった。

1945年には国民生活はほぼ破綻状態になり、国民の大半は欠乏と飢えに苛まれるようになった。連合国に対する降伏は必然の流れであった。

テーマ史 7

占領期の文化

日本がアメリカの占領下に入ると、アメリカ的な生活様式や文化が怒濤の勢いで流入してきた。戦前も欧米文化の素地があったので、日本国民は素直にアメリカ文化を受け入れた。こうして日本人の価値観は大きく転換していく。

GHQの**プレス＝コード**（検閲）はあったが、思想や表現の抑圧はなくなり、文化・言論・出版活動が息を吹き返し、戦時中に弾圧された総合雑誌『改造』や『中央公論』が復刊、『世界』や『展望』、『思想の科学』が誕生した。

文芸雑誌や小説も続々と刊行された。退廃的だとして作品の発表を禁じられていた永井荷風や谷崎潤一郎も活動を再開、プロレタリア文学も復活した。この時期、谷崎潤一郎の『細雪』、野間宏の『暗い絵』、大岡昇平の『俘虜記』、坂口安吾の『堕落論』・『白痴』、太宰治の『斜陽』などが話題となった。

学問分野では1949年に**日本学術会議**が発足、この年、**湯川秀樹**が中間子理論でノーベル物理学賞を受賞し、敗戦に打ちのめされた国民に希望を与えた。

また歴史学の石母田正《いしもたしょう》が『中世的世界の形成』を著し、中世までの歴史を科学的に解明、政治学の丸山眞男は『超国家主義の論理と心理』で日本ファシズムの構造を明らかにした。西欧経済史の大塚久雄の『近代資本主義の系譜』は近代社会をつくった人間類型論を記し、法社会学の川島武宜《たけよし》の『日本社会の家族的構成』は、近代社会で再生産される前近代的制度の意味を明らかにした。

映画も黒澤明の『羅生門』や溝口健二の『西鶴一代女』が国際的に高い評価をうけ、海外の映画監督にも大きな影響を与えた。

歌謡曲の分野では、並木路子の『リンゴの唄』や笠置シヅ子の『東京ブギウギ』など明るい歌謡曲が焼け跡で生活する人々を励ました。

日本放送協会（ＮＨＫ）のラジオ放送が再開され、ラジオのプロ野球中継が復活、川上哲治や大下弘などのスターが生まれた。1951年にはラジオの民間放送もはじまり、ラジオドラマも人気を集めた。スポーツ分野では、古橋広之進が競泳自由形で世界新記録を出し、国民に勇気を与えた。

テーマ史 8 第三世界の動きと原水爆禁止運動

冷戦下で米ソは果てしのない軍拡競争を続け、核兵器を量産していった。こうしたなか、核戦争の勃発に危機感を抱いた**第三世界**（国連の過半を占める東西陣営に属さぬ新興国）は、独自の動きをおこすようになった。

1954年、中国の周恩来首相とインドのネルー首相が会談を行い、両国は友好の基礎として「主権尊重、相互不可侵、内政不干渉、平等互恵、平和共存」という**平和5原則**を確認した。これを機に平和運動が盛り上がり、翌年には第三世界の29カ国がインドネシアのバンドンに集まり、**アジア＝アフリカ会議（AA会議）**が開催された。日本も参加したが、会議では前年の平和5原則をもとに平和共存、反植民地主義などをかかげた「平和10原則」が決議された。

科学者たちも反核を訴えるようになった。イギリスの哲学者ラッセルやアメリカのアインシュタインが中心となり、1955年には核兵器の廃絶を訴える宣言文を発した（ラッセル＝アインシュタイン宣言）。宣言には湯川秀樹も名を連ねた。

1954年3月1日、多くの日本の鮪はえ縄漁船がマーシャル諸島のビキニ環礁から140キロ離れた場所で操業していた。この日ビキニ環礁では水爆実験が行われていたが、その威力は予想以上にすさまじく、**第五福竜丸**の乗組員23名は致死量に近い放射能（死の灰）をあびてしまった。翌日から乗組員は体調不良を訴え、下痢や嘔吐をくり返し、髪の毛が抜け皮膚に火ぶくれができた。福竜丸はすぐに静岡県焼津港へ帰還したが船体や捕獲した鮪からは大量の放射能が検出された。この事件では、死の灰をあびた無線長が半年後に死去した。

この広島・長崎に次ぐ3度目の被爆（第五福竜丸事件）は、日本国民に衝撃を与え、これ以後、平和集会や核廃絶を願う市民大会などが開かれるようになった。やがて原水爆の禁止をもとめる署名活動が大々的にはじまり、原水爆禁止運動が空前の盛り上がりをみせた。結果、翌1955年、広島で第一回の**原水爆禁止世界大会**が開かれたのである。署名は3000万人を超え、大会当日には11カ国の代表が参加、約5000人が出席した。

テーマ史9 日本独立後の国際条約・協定の締結

1951年9月、日本は連合国48カ国とサンフランシスコ平和条約を結んだが、すべての国と講和したわけではない。そこでその後、個別に条約を締結していった。1952年に日華平和条約と日印平和条約を締結し中華民国（台湾）やインドと国交を回復、1954年に日本ビルマ平和条約を結び、ビルマとも国交を正常化させた。さらに1956年に**日ソ共同宣言**に調印した。平和条約が調印出来なかったのは、北方領土問題で合意出来なかったからだ。

ソ連との国交が正常化したことで国連総会で日本の国連加盟が承認され、23年ぶりに国際社会へ復帰できた。しかし、植民地だった韓国との国交正常化交渉はなかなか進捗しなかった。韓国の初代大統領李承晩が抗日独立運動の指導者で、日本に敵対心を持ち、公海上に李承晩ラインを設定し、域内に入った日本漁船を拿捕したからだ。しかしクーデターで李政権は瓦解、新たに大統領に就任した朴正煕は国交正常化に意欲的で、1965年、ようやく**日韓基本条約**

が締結された。日本はこの条約で韓国を朝鮮半島にある唯一の合法的政府と認め、国交正常化が達成された。

日本は、アメリカと歩調を合わせ中華民国（台湾）を中国の代表政府とし、中華人民共和国とは国交を結ばなかった。民間レベルでは貿易額が増加していったが、政府間での親密度は深まらなかった。ところが１９７１年、突如、アメリカのニクソン大統領が訪中を発表する。日本にとって青天の霹靂であった。

田中角栄内閣は、すぐに中華人民共和国側へ積極的に国交正常化の打診をおこなった。中国側もこれを歓迎、１９７２年９月、田中は北京へ渡り、周恩来首相や毛沢東主席と会談、**日中共同宣言**が調印されたのである。

「日本側は、過去において日本国が戦争を通じて、中国国民に重大な損害を与えたことについての責任を痛感し、深く反省する。日本政府は中華人民共和国政府を中国唯一の合法政府と認める。中華人民共和国政府は日本に対する戦争賠償の請求を破棄する。両国政府は、すべての紛争を平和的手段で解決し、武力または武力による威嚇に訴えないことを確認する」以上が要旨である。

こうして日中の国交が正常化し、１９７８年に**日中平和友好条約**が結ばれた。

テーマ史 10 沖縄戦と沖縄の本土復帰

太平洋戦争末期、日本政府は沖縄県を本土決戦に備えるための時間稼ぎ、すなわち捨て石にしようと考え、不足する兵員を満たすため民間人も義勇隊に編成した。そして1945年4月に沖縄本島に米軍が上陸してくると、60歳以上の老人や15歳以下の子供も戦わせた。なかでも**鉄血勤皇隊**（少年兵）は、戦車へ突撃し、車両の下に滑り込んで自爆するなど米兵を震え上がらせた。日本軍は、首里城の司令部が陥落しても南部で抗戦を続けた。日本軍を頼って行動を共にした民間人は、米兵によって避難壕にガソリンを流し込まれ火をつけられたり、手榴弾を投げ込まれたりして命を落とした。足手まといになると、日本兵から集団自決を強要されたり、殺害されたりするケースもあった。

6月末、司令部がある摩文仁の丘が陥落し日本軍の組織的抵抗は終わったが、戦いでは20万人以上が犠牲となった。沖縄県民の4人に1人が死に、一家全滅も珍しくなかった。

戦後、沖縄は米軍の軍政下に置かれ、日本独立後も祖国に復帰できなかった。これは、沖縄本島が**太平洋の要石（キー・ストーン）**であり、戦略上の必要から手放したくなかったからである。

琉球立法院（沖縄県議会に該当）は何度も祖国への復帰を議会で決議し、アメリカ政府にその意向を伝えたが、実現しなかった。沖縄の革新勢力は1960年、沖縄県祖国復帰協議会を結成、住民を巻き込んで復帰運動を推進、同時に自治権の拡大を求めていった。

1965年、沖縄の米軍基地からベトナムへの空爆機が飛び立つようになると、基地反対運動が広がり、**祖国復帰運動**と相俟って反米感情は極限まで高まっていった。

そんな同年8月、佐藤栄作首相が沖縄を来訪し「沖縄の返還なくして戦後は終わらない」と明言、沖縄の本土復帰に取り組む姿勢をみせた。そして1969年11月にはニクソン大統領と会談、この場で沖縄返還の合意がなされ、1971年に**沖縄返還協定**が調印され、翌年、ついに沖縄は祖国に復帰したのである。

テーマ史 11

消費革命

朝鮮戦争の特需景気を経て、1955年から高度経済成長が始まると、国民の生活はみるみる豊かになっていった。好景気による生産活動の急拡大のため、常に働き手が足りない状態となったので、企業は他社より良い条件で労働者を雇用しようと競い、賃金は一気に上昇していったからである。また、労働運動が盛り上がり、春闘が始まったことも、賃金アップの要因だった。

こうして所得が増えたことで、終戦直後の食糧難がウソのように解消され、食生活も豊かになった。アメリカの影響で食の洋風化が進み、肉類や乳製品が普及、日本人の体格は向上していった。

食品の種類も豊富になり、インスタント食品や冷凍食品が1970年代から広まる。1980年代になると、食品はスーパーマーケットを中心に供給されるようになり、外食産業も発達する。24時間営業のコンビニエンス・ストアも全国に広がっていった。

住居に関しても都会では1950年代から公団住宅がつくられ、都市周辺に広大な団地がひろがり、60年代からは民間のマンションも建ちはじめた。

石炭ストーブやこたつは姿を消し、1950年代後半から電気こたつや石油ストーブが一般化し、80年代には電気ヒーターやガスヒーターも広まった。こうした便利で快適な電化製品が次々と開発され、CM(広告)が消費意欲をかきたてたこともあり、耐久消費財はすさまじい速さで普及した。こうした現象を**消費革命**と呼ぶ。

1950年代後半の**三種の神器**(白黒テレビ・電気洗濯機・電気冷蔵庫)、1960年代の**3C**(自家用車・カラーテレビ・クーラー)はその代表的といえる。

所得や消費水準の上昇のなかで、日本人の生活意識の変化も進んでいった。1960年代には会社や生活向上のために家族を犠牲にしてひたすら働く「モーレツ社員」が増えたが、70年代に入って高度経済成長が終わると、生活のゆとりを余暇に向ける人が多くなり、レジャー産業やマスメディアの発達をうながしたのである。

テーマ史 12

高度成長期の文化

1953年、NHKの**テレビ放送**が開始されたが、その後、日本テレビなど続々と民放も開局、1950年代後半から白黒テレビの購入者も増え、1970年代には一般家庭にカラーテレビが普及するようになった。

こうしたテレビ、ラジオ、新聞、雑誌などのマスコミの発達により、同じ情報が大量に発信され、大衆文化の大量生産と画一化がもたらされ、日本人は「人並み」という**中流意識**を持つようになった。

1950年代後半、週刊誌の創刊ブームがおこり、その後、少年向け漫画誌が次々に登場する。長谷川町子の『サザエさん』や手塚治虫の作品は人気となり、とくに手塚の『鉄腕アトム』は1963年にアニメとしてテレビで放送され、高視聴率をとった。

テレビの影響は絶大で、プロレスやプロ野球が人気となり、プロレスラーの力道山、読売ジャイアンツの長嶋茂雄や王貞治選手は国民的スターとなった。

１９６４年の東京オリンピックや１９７０年の大阪の日本万国博覧会もテレビで放映され、それがいっそう国民の熱狂を誘うことになった。

純文学では安部公房、水上勉、開高健、大江健三郎などが世界で活躍した。純文学と大衆小説の中間に位置する中間小説も流行、松本清張や森村誠一、司馬遼太郎や有吉佐和子、山崎豊子の作品は、次々とベストセラーになった。

音楽では、指揮者の小澤征爾のようにクラシック音楽で世界的な活躍をする人が現れ、ポピュラー音楽では、１９６０年代に社会的な主張を歌うロックやフォークソングが若者の支持を得た。美空ひばりなど流行歌手も続々と誕生した。１９７０年代になると、都市の個人的な生活などを歌うニューミュージックが人気になる。中年世代では演歌が根強い支持を集めた。

こうした文化の大衆化の進展について、低俗化や商業主義を批判する声も少なくなかった。

第３章

太平洋戦争勃発ー政党政治の終焉

❶ なぜ日本は、アメリカとの無謀な戦争を始めてしまったのか？

←戦争回避のための日米交渉が決裂してしまったから

1941年12月8日、日本はアメリカの**ハワイ真珠湾**基地を奇襲攻撃。同日、イギリスのマレー半島にも奇襲上陸し、ついに**太平洋戦争**が始まった。国力の差を考えるなら、日本にとって米英との戦争は到底勝ち目のないものであった。にもかかわらず、戦争をせざるを得なかったのは、日米交渉に失敗したからであった。

本項では、開戦に至るまでの経緯を詳しく見ていこう。

日中戦争の泥沼化により、日本は戦争継続の体力を維持するため、東南アジアへ進出し資源を確保しようと動いた。しかしアメリカやイギリスが強く反発、経済制裁が課せられるようになり、とくに日米関係は著しく悪化した。

これを心配した一部の日米民間人が窓口となり、１９４０年末あたりから戦争回避のため非公式な日米交渉が開始され、翌年4月、それが政府間の正式なルートにのった。こうして元外務大臣で親米派の**野村吉三郎**駐米大使と**ハル**国務長官との間で交渉が始まった。

その一方で第2次近衛文麿内閣は、ソ連とも協調してアメリカに対抗しようという動きをみせる。外務大臣の**松岡洋右**《ようすけ》が、日米交渉が始まる直前の同年4月、モスクワへ出向いて**日ソ中立条約**を締結してきたのである。

なお陸軍は対英米戦に積極的だったが、海軍は「もともと日本海軍はイギリスを模範として成立したので、英米に勝てるようにはつくられていない」と反対する声が強かった。こうしたなか１９４１年7月に御前会議が開催され、天皇臨席のもと陸軍参謀総長、海軍軍令部総長、首相、外相、蔵相、内相らで話し合いがなされ、「対英米戦を覚悟のうえでさらに南方へ進出すべき」という軍部の主張が了承されてしまった。

ただ、日米交渉の継続をはかる方針は変わらず、近衛内閣はアメリカに対し強硬論を唱える松岡外相を排除するため、いったん総辞職して新たに第3次近衛内閣を発足させた。いずれにせよ、御前会議では南方進出と対英米戦の回避という矛盾した方針をかかげたので、第3次近衛内閣は難しい政局の運営をしいられた。
日米交渉では一時、「日米諒解案」がまとまりかけるが、軍部が交渉に圧力をかけたこともあり、難航してしまった。そうしたなか第2次世界大戦では同盟国のドイツ（ヒトラーのナチス）が連戦連勝しており、それが国民を強気にさせ、対英米戦に傾いていった。アメリカ政府も、もはや対日戦は避けられないと、戦争の覚悟を固めた。

1941年7月、日本軍はすでに決定されていた南部仏印進駐（フランスの植民地・インドシナ南部への日本軍の駐留）を断行した。するとアメリカは在米日本資産を凍結し、対日石油輸出の禁止措置を実行したのだ。さらに他国に呼びかけて、アメリカ・イギリス・中国・オランダの4カ国による日本への経済封鎖網を強化した。日本ではこれを、国名の頭文字をとって**ABCD包囲陣**と呼んだ。

日本陸軍は「ABCD包囲陣をはね返すには戦争しかない」と主張。対日石油輸出の禁止措置が発動されると、対英米戦争に消極的だった海軍内でも「国内の石油はあと2年分しか備蓄がないので、すぐに開戦して南方の石油資源をおさえるべきだ」という声が高まった。

こうしたなか1941年9月6日に開かれた御前会議では「10月上旬までに日米交渉がまとまらない場合は、対米開戦（およびイギリス・オランダ）に踏み切る」と決定した。

しかし10月上旬になっても日米交渉は妥結しなかった。近衛首相は日米交渉の継続を望んだが、東条英機陸相がゆずらなかったため、内閣は総辞職した。

この事態を受け、内大臣（内閣から独立して設置された宮中の官。天皇の側近として常に側にあり、内閣首班の推薦などに影響力を持っていた）の木戸幸一は、次の首相に東条英機を推薦した。「御前会議の決定を白紙に戻す」という条件を受け入れたからだ。

こうして御前会議で9月6日の決定は白紙となり、東条内閣は国の方針の再検討に入ったが、結論は変わらなかった。

そんななかアメリカは11月末、日米交渉の席で**ハル＝ノート**を提出する。その内容は「中国・仏印からの日本軍の全面撤退。満州国・汪兆銘政権の否認。日独伊三国同盟の実質的破棄」というものだった。つまり、日本は大陸におけるすべての権益を放棄し、満州事変以前の状態に戻せという要求を突きつけてきたのだ。

政府はこれをアメリカの最後通牒だとみなした。

このため1941年12月1日、御前会議で対米交渉は不成功だったと判断し、正式に米・英に対する開戦が決定されたのである。

1週間後の12月8日、日本はアメリカに対する交渉打ち切りを通告し、同日、イギリス領有のマレー半島に奇襲上陸するとともに、アメリカの軍港であるハワイ（オアフ島）の真珠湾（パールハーバー）を奇襲攻撃した。そう、太平洋戦争が始まってしまったのである。

このように振り返ってみると、開戦に至るまで、日本国内で様々な動きがあり、何度も、日米両国で交渉がおこなわれたことが分かるだろう。

ではなぜそもそも、戦争回避の日米交渉をおこなわねばならぬほどに、日米関係は悪化してしまったのだろうか？

❷ なぜ戦争回避の日米交渉をおこなうほど日米関係が悪化したのか？

← 日本がドイツの連勝に期待して日中戦争を継続し東南アジアへも進出したから

太平洋戦争開戦に至るまでは、日米間でぎりぎりの交渉が続いていた。ではなぜそこまで日米の関係が悪化してしまったのだろうか？ 本項では、**第2次世界大戦**がはじまった1939年当時までさかのぼって解説をしたい。

総理大臣が平沼騏《き》一郎《いちろう》から阿部信行（陸軍大将）にかわった1939年9月、にわかにドイツがポーランドに侵攻した。イギリスとフランスはただちにドイツに宣戦布告し、ここに第2次世界大戦が始まった。ドイツのポーランド侵攻に歩調をあわせ、ソ連軍も西側からポーランドへ侵入、およそ1カ月でポーランドは両国に制圧された。

こうしたなか、日本国内ではドイツと軍事同盟を結ぶべきだという論が起こった。2年前に始まった**日中戦争**だったが、米英ソ仏などが中国を経済的に支援していることもあり、終息するどころか完全に泥沼化してしまっていたのだ。その突破口として、ドイツとの同盟を求める声が上がったのだ。

しかし阿部内閣は、ドイツとの軍事同盟には否定的であった。むしろ外務大臣に親米的な野村吉三郎を登用し、日中戦争に反対するアメリカとの関係改善をはかった。というのは、アメリカが第2次世界大戦開戦の2カ月前（1939年7月）、日米間の自由通商を規定していた**日米通商航海条約の破棄**を通告してきたからである。発効は翌1940年だが、これ以後は、アメリカは日本への輸出を自由にストップすることができてしまう。日本にとってそれは、死活問題であった。

というのも、この時期の日本における資材の最大輸入元は、アメリカだったからだ。日中全面戦争に必要な資材は、日本（台湾、朝鮮などを含む）と満州国、中国での占領地で構成される経済圏**（円ブロック）**だけではとても足りない。だからアメリカやヨーロッパ、その勢力圏からの輸入に頼るようになっていたのだ。

けれどアメリカは、アジア・太平洋地域の自由貿易体制を維持しようとしており、円ブロックや日・満・華3国による「**東亜新秩序**」をつくろうとする日本と対立するようになっていた。そうしたこともあり、日米貿易は減少しはじめ、前述のように、アメリカはついに条約の破棄を通告してきたのだった。

こういった状況下で、親米をかかげた阿部内閣であったが、議会の支持を得ることが出来ず、1940年1月に総辞職する。たった5カ月足らずの在職であった。

次いで内閣総理大臣に任命されたのが米内光政（海軍大将）だ。米内内閣もまた親米英方針をとり、大戦不介入の立場を堅持し、ドイツとの軍事同盟に消極的だった。

この間、ドイツは電撃作戦を展開してヨーロッパ大陸で連戦連勝をかさね、1940年6月にはフランスの首都パリを占領。抵抗しているのはイギリスだけになった。すると日本陸軍は「アメリカやイギリスとの戦争を覚悟の上でドイツと軍事同盟を結んで、石油、ゴム、ボーキサイト（アルミニウムの原料）が豊富な南方（東南アジア）へ積極的に進出すべきだ」と強く主張し、国民もこれを支持するようになる。

同じく1940年6月、元首相の近衛文麿が「ドイツのナチ党のような強力な一大指導政党をつくり、新たな政治体制を構築していこう」と新体制運動に乗り出す。世界的にも全体主義が台頭しており、近衛の主張は、国民をはじめ政党や諸団体の多くに支持されるようになる。すると軍部（特に陸軍）は近衛に期待をかけ、米内内閣の畑俊六陸軍大臣を辞任させて後任を出さず、内閣を退陣に追い込んだ。

こうして1940年7月、各界からの大きな期待を担って、第2次近衛文麿内閣が誕生した。

近衛内閣は、大戦不介入の方針を転換してドイツ・イタリア・ソ連との提携を強化し、南方へ積極的に進出（南進）する方針を固める。以後は「日本をリーダーとする東アジアから東南アジア全域を含む大東亜共栄圏（大経済・大文化圏）を創設し、自給自足経済を確立して共存共栄をはかる」と唱えて南進を正当化した。

そして同年9月、日本軍は本国がドイツに占領されたフランスの植民地・インドシナ北部に進軍。同じく9月、日本政府もついにドイツ・イタリアと軍事同盟**（日独伊三国軍事同盟）**を結んだのである。

この同盟は、「日本はドイツ・イタリアの欧州での指導的地位を、ドイツ・イタリアは日本のアジアにおける指導的地位を認めあい、これら3国のうちいずれかが、今戦っている国以外の第三国から攻撃を受けた時は、政治的・軍事的に援助しあう」という攻守同盟だった。もちろん第三国とは、アメリカを想定していた。

当然、こうした動きにアメリカは反発し、この前後から日本への屑鉄や鉄鋼、航空機用ガソリンの輸出を禁止するという強硬な措置に出る。

このように、日本はドイツの連勝に自国の利を見出し、同盟を結んで東南アジアへも侵攻していった。この日本の拡大路線をアメリカが警戒し、日米関係は悪化していったのである。

ではなぜ、日本は東南アジアへも進出するようになったのだろうか？
次項では、そこに至るまでの国内の経済事情を紐解いてみよう。

❸ なぜ日本は東南アジアへも進出するようになったのか？

← 泥沼化した日中戦争に勝つため、国内の資源だけでは足りなくなったから

日本の南方（東南アジア）進出について、「**大東亜共栄圏**（大経済・大文化圏）の創設」は建前であり、本音は日中戦争継続のため、石油やボーキサイト、ゴムなどの資源を確保することにあった。

本項では南進の背景を、苦しい日本の台所事情から見ていきたい。

1937年7月の**盧溝橋事件**（日中軍事衝突事件）が日中の全面戦争に拡大すると、第1次近衛文麿内閣は、巨額な軍事予算を編成し、さらに国家による直接的な経済統

制に踏みきった。臨時の法整備をして軍需産業へ優先的に融資をおこない、貿易を統制して軍需産業へ資金と物資を集中させ、積極的に軍需品をつくらせたのである。

さらに軍事費の急増を増税でしのごうとしたが、とても膨大な歳出をまかなうことができなかったので、多額の赤字公債を発行、さらに紙幣を増刷した。このためインフレーションが進んでいった。

翌1938年4月には**国家総動員法**が制定された。これは、戦時における国防のためであれば、勅令というかたちで政府が議会の承認を得ずに自由に人的・物的資源を統制・運用できるというすごい法律であった。しかも翌年7月にはさっそく、この法にもとづく勅令によって、国民を軍需工場で働かせることができる**国民徴用令**を成立させた。

近衛内閣はまた、「挙国一致・尽忠報国・堅忍持久」を三大スローガンにして全国民を戦争に協力させようと、**国民精神総動員運動**を進めていった。

労働面でも政府は、資本家団体や労働組合の幹部に働きかけ、1938年に産業報国連盟を結成させ、この連盟や警察が指導して職場ごとに**産業報国会**をつくらせていった。産業報国会とは、労資が力をあわせて戦争に協力するという融和・協調団体で、既存の労働組合がそのまま産業報国会に転じた職場も少なくなかった。労働者の権利など無視して、とにかく政府は戦争遂行のために労働者を徹底的に統制しようとしたのだ。

1937年10月には戦時動員の計画・立案・調整を任務とする企画院が設立された。企画院は、内閣直属の機関として1938年度から物資動員計画をつくり、これに従って戦争を戦い抜くために軍需品が優先的に輸入されるようになり、逆に民需(民間物資)の輸入は後回しにされた。

このように、近衛内閣は戦時体制の確立のため強い経済統制をおこない、戦争に集中的に物資を投入するため「不要不急」の民需品の生産も急速に制限したので、生活必需品の品不足がおこり、諸物価は急激に上がった。そこで政府は、1939年10月に**価格等統制令**を出して公定価格制を導入し商品の値上げを禁止した。

同年からは国内向けの綿製品の生産と販売も禁じられ、1940年になると、ぜいたく品の製造・販売が禁止され(**七・七禁令**)、砂糖・マッチ・木炭など日用品は切符制となり、翌年、衣類にも切符制が適用され、主要都市では主食の米が配給制となった。日中戦争が長引くと、生活必需品すら自由に手に入らない厳しい時代が到来する。とくに農村では、労働力を兵士としてとられて人手不足となり、肥料などの生産資材も足りなくなり、1939年から食糧生産量は低下していった。こうした農村のダメージで国内の食糧難は深刻になる。

だが、これほど国民が協力しても、日中戦争は一向に終結する気配はなく、戦争に反対するアメリカも日米通商航海条約を破棄するなど経済制裁を発動するようになったので、日本は戦争を継続することが厳しい状況となってきた。

ちょうどそんなとき、前項で述べたように第2次世界大戦が勃発、ドイツがフランスのパリを占領するなどヨーロッパを席巻したため、日本は資源確保のため、宗主国の敗北によって権力の空白となった東南アジアへの侵略（南進政策）を企てるようになったのである。

だが、これが結果としてアメリカを激怒させ、日米関係はますます悪化、太平洋戦争へ向かう要因となったのだった。

では なぜ、日中戦争は泥沼化してしまったのだろうか？

❹ なぜ日中戦争は泥沼化してしまったのか？

←近衛文麿が国民政府との外交チャンネルを完全に絶ったから

1937年7月7日、北京郊外での偶発的軍事衝突である盧溝橋事件を機に始まった日中戦争は、拡大の一途をたどっていった。国内では早期の戦争終結を目指す動きもあったのだが、結果的にそれらが結実することはなかった。

本項では、当時の政府や陸軍参謀本部の動きに注目して、日中戦争が泥沼化した経緯を追ってみたい。

盧溝橋事件を機に、日本陸軍は続々と兵を大陸へ遣していった。だが、上海で中国

（国民政府）軍の強い抵抗にあい、さらに3個師団を投入し、多大な犠牲を払い2カ月かけてようやく国際都市・上海を制圧（**第2次上海事変**）した。戦いでの日本側の死者は9000人を超え、負傷者も3万人にのぼった。

これだけ多大な犠牲を出したにもかかわらず、上海攻略の勢いにのった日本軍は、300キロ離れた蔣介石の国民政府の首都である南京へ進撃を開始する。これは現地司令官の独断であった。

一方、国民政府の首脳部は事前に逃れて、漢口、さらに奥地の重慶へと首都を移し、それからもねばり強い抵抗を続け、日本軍がいくら兵を増派しても、いっこうに屈服する様子をみせなかった。

これより前の1937年10月後半、日本政府は広田弘毅《こうき》外相が中心となってドイツに日中戦争講和の仲介を打診していた。広大な国土をもつ中国との全面的な戦争は国力消耗のうえから、得策ではないと判断したからである。ドイツもそれを承諾し、同年12月よりドイツ駐中大使**トラウトマン**が本格的な仲介に乗り出し、日本側の和平条件を国民政府に伝え、蔣介石も乗る気を見せた。

そうしたなか意外にも、強く和平を望んだのが日本の陸軍参謀本部だった。重慶の蔣介石が英・米・ソの支援をうけて抗戦すれば、早期に戦いを収拾するのは困難になり、戦争は泥沼化して国力は疲弊し、ついには我が国は衰亡してしまうと考え、トラウトマン工作の成功に期待を寄せたのだ。

しかし、日本軍が上海を制圧し南京を攻略すると、日本国内の世論が戦争の継続を支持し、現地の日本軍（支那駐屯軍）も軍中央の和平の動きを無視して戦線を拡大、傀儡政権を誕生させるなどした。このため、政府内や軍部内でも次第に、戦争の継続に傾いていく。

この時期、日本軍は各地で中国軍を破っていったが、それでも重慶の国民政府が屈することはなかった。

国民政府が戦い続けることができたのにはワケがあった。**援蔣ルート**の存在だ。援蔣ルートとは、アメリカやイギリスなどが設けた、蔣介石の国民政府（重慶政府）を支援するための物資補給路のことで、そのルートは1つではなかった。ビルマルート、香港ルート、雲南ルート、西北ルートなど、いくつもの補給路が存在した。これを遮断しないかぎり、国民政府を倒壊させるのは不可能だった。

さらに1937年に中国共産党が国民政府に加わったことで**（第2次国共合作）**、ソ連は国民政府と不可侵条約を締結、全面的にバックアップするようになる。

いずれにせよ、戦争継続に傾いた日本政府は、和平実現について「国民政府は戦費を賠償せよ」といった厳しい追加条件を、ディルクセン駐日ドイツ大使に手渡した。すると、これを知った国民政府は難色を示した。陸軍参謀本部は和平交渉が決裂してしまうことを危惧したが、第1次近衛文麿内閣は「もし参謀本部が和平を求めるというなら、内閣は軍部とは別の所信を表明し、この戦争に邁進する」と主張したのである。このため参謀本部のほうが妥協し、トラウトマンの工作は失敗に終わった。

すると、近衛文麿内閣は「帝国（日本）政府は爾後（以後）、（蔣介石の）**国民政府を対手とせず**」という近衛声明（第1次）を発表してしまう。国民政府への絶交宣言といってよい。1938年1月16日のことだ。

さらに2日後に近衛は、第1次近衛声明での「『対手とせず』というのは、国民政府を否認するとともに、抹殺するという意味だ」と、火に油を注ぐような発言をした。講和をすべき相手国政府を認めないというのだから、日中戦争の収拾は完全に困難となったのである。1938年末までに、大陸に派遣された日本兵は100万人に達し、国民は全面戦争に協力するため、苦しい生活を余儀なくされるようになった。

さらに1938年7月、満州国（日本の傀儡国家）の国境付近でソ連の警備隊が日本軍に挑発行動をとるようになり、日ソの国境警備隊同士の小競り合いから大規模衝突へと発展した。日本軍はソ連領に進んで張鼓峰を占拠したが、やがて反攻にあって奪い返された**（張鼓峰事件）**。翌年5月、再びソ連軍と大規模な衝突が起こり、日本軍は大敗北を喫した**（ノモンハン事件）**。

このように、早期和平の道を自ら閉ざしたことにより、日中戦争は泥沼化し、列強諸国もこの戦争に干渉するようになり、やがてそれがヒトラー率いるドイツとの提携となり、日本は壊滅への道をばく進していくことになったのである。

ではなぜ、日中戦争は起こったのだろうか？

きっかけは小規模な軍事衝突に過ぎなかったのに、なぜ全面戦争になってしまったのか？　次項では両国の国内の動きについて触れてみたい。

5 なぜ日中戦争は起こったのか?

←日本国民が戦争を支持し、蔣介石の国民政府が日本と徹底抗戦すると宣言したから

国民が日中戦争を支持し、支那駐屯軍などの現地日本軍も強硬に戦線を拡大、第1次近衛文麿内閣が「国民政府を対手とせず」と声明を出したことにより、日中戦争の早期終結は困難になったと前項で解説した。

だが、そもそもきっかけとなった軍事衝突がはじまったときに、日中両国が互いに自制していれば、全面戦争には至らなかったはず。それがなぜ、全面戦争に突入したのだろう? 本項で詳しく見ていこう。

日中戦争のきっかけとなった軍事衝突とは、**盧溝橋事件**のことである。

1937年7月7日夜、北京郊外の盧溝橋付近で、日本の支那駐屯軍第一連隊第三大隊第八中隊が夜間演習をおこなっていたところ、午後10時頃、数十発の銃声が聞こえた。銃撃だと判断した中隊では、ただちに人員を点呼。ところが1名の行方がわからない。中国軍に殺害されたのだとみなした支那駐屯軍は、付近の中国軍と戦闘状態に入った。

だが翌日、中国軍が撤退をはじめたので戦闘は終結し、現地において停戦が成立した。行方不明になった兵士もこの日未明に無事に帰還したことが確認された。

日本側がこの後に動かなければ、恐らく事件はそのまま終わっただろう。

もちろん、このささいな軍事衝突が、日中全面戦争に突入するきっかけになるとは、誰も予想しなかった。

成立したばかりの近衛文麿内閣は当初、盧溝橋事件の不拡大方針を唱えていた。

陸軍参謀本部と陸軍省内では、大陸へ兵を増員するかどうかで意見が割れていたが、まもなく出兵派が優勢になり、この機に乗じての派兵を近衛内閣に求めるようになった。

出兵派の言い分は、「中国軍が40万人の大軍であるのに対し、現地の日本軍はわずかに6000人弱。もしこれ以上、戦闘が拡大することになれば、在留邦人1万2000人の安全は保証できないどころか、日本軍が全滅する恐れがある。牽制の意味でも兵を増員すべきだ」というものだった。こうした陸軍の要請を受けた杉山元《すぎやまげん》陸相は、閣議で強く派兵を要求した。

そこで近衛首相も「あくまで事件を拡大させず、現地で解決に努力する」ということを強調しつつ、増派にゴーサインを出したのである。

当時は**軍部大臣現役武官制**があり、杉山が陸相を単独で辞職し、陸軍がその後任を出さなければ、内閣は総辞職せざるを得なくなる。そうしたことも、近衛が方針を変えた理由だったと思われる。

この日本の動きに対し、中国の国民政府がこれまでのように日本軍との衝突を避けていれば、日中全面戦争は起こらなかったろう。

ところが蔣介石は、1937年7月17日、廬山（江西省北部）において徹底的な対日抗戦を訴える談話を発表する。少し長いが、要約して紹介したい。

「抗日全軍将兵同志諸士よ。盧溝橋事件に際し、日本軍は卑劣極まる手段によって天津や北京を占拠し、我が同胞民衆を殺害した。我が国にとってこれ以上の恥辱はない。満洲事変以来、われわれは忍耐にして退譲してきたが、日本の侵略は止まるところを知らない。かくして退くに退けない事態となり、国民が一致決起して日本と勝負を決するときを迎えた。

私は全国を統帥し、国家の存亡、将兵の生死に対して全責任を負うべき地位にある。自己の心力をかけて勝利を獲得しなければならない。今や平和の望みは絶えた。このときにあたり、徹底的な対日抗戦あるのみである。挙国一致で犠牲を惜しまず日本と決戦すべきである。

我が国民は黄帝の革命的子孫たることを自覚し、死を決して難に赴き、報国の途をはかり、先烈の犠牲に対して報いるの覚悟がなければならない。抗日全軍の将兵諸士！　時機は既に到来した！　心を一にして攻撃あるのみ。万悪の日本軍を国土から駆逐し、我が中華民族の復興を図ろうではないか！」

この談話は、必ずしも蔣介石が日本軍と徹底抗戦をしようとした決意ではないとする学者もいる。

しかしながら数日後にこの談話が新聞に掲載されると、これを読んだ中国国民は、これまで日本の侵略を甘んじて受けてきた鬱憤もあり、蔣の言葉を徹底抗戦宣言だと認識して熱狂的に支持し、日本軍との戦争を決意することになった。

こうして偶発的な日中両軍の衝突が、日中全面戦争へとなっていったのだ。

ではなぜ、蔣介石は日本と徹底的に戦うことを決意したのだろうか？

⑥なぜ蔣介石は日本と徹底的に戦う決意をしたのか？

←張学良らが蔣介石に共産党との内戦を停止し抗日することを決意させたから

盧溝橋事件の後、蔣介石が抗日を決意したのには、中国国内の事情があった。本項ではそこに至るまでの中国国内の動きについて、紐解いてみたい。

遡ること1912年、清朝最後の皇帝・宣統帝溥儀が退位したが、その後の中国では、国のリーダーの席をめぐって激しい権力争いが続いた。

最初に政権の座に就いたのは**孫文**だ。中華民国を建国しその臨時大総統に就任した。だが武力を背景にした**袁世凱**が台頭し、孫文は政権中枢から追い出されてしまう。

孫文はその後、中国統一をもくろみ中国国民党を立ち上げ、北京政府（中央政権）に対抗を続ける。1917年からは、広東政府（地方政権）を組織した。

さらに孫文率いる中国国民党は、中国の統一を実現するため、1924年、毛沢東の中国共産党と手を結んだのである（**第1次国共合作**）。

孫文の死後、あとを継いだ**蔣介石**は、国民革命軍を組織して**北伐**（各地に根を張る軍事政権である軍閥や北京政府を倒し、全国統一を目指す遠征）を開始する。そして1927年、クーデターによって共産党を政府から駆逐し、南京に国民政府を樹立した。

一方、中国共産党はソ連の支援を受け、1931年には江西省瑞金に中華ソビエト共和国臨時政府を樹立する。

蔣介石の国民政府は、この頃から中国共産党勢力と激しく戦うようになった。

同1931年、日本の関東軍が満州の武力占領をめざす満州事変が始まるが、蔣介石は日本軍との戦いより共産党との内戦を優先、1933年には日本政府と**塘沽停戦協定**を結び、満州国（関東軍がつくった傀儡国家）を事実上容認してしまう。一方で、内戦には莫大な戦費を投入して戦いを優位に進め、1934年10月には、中国共産党勢力を江西省から駆逐するなど、弱体化させることに成功した。

なお、毛沢東ら共産党指導部は、1936年8月以降、「抗日」を第一の目標とする方針にかえ、国民党（国民政府）にも書簡を送って抗日共同戦線を呼びかけるようになった。

次項で解説するが、日本は満州国だけでは満足せず、それに隣接する華北へも勢力を広げ、傀儡政権をつくるようになっていた。こうした侵略行為に対し、中国国民の間では急激に反日意識が膨張していた。そうした世論を考慮しての、共産党の方針転換といえた。

こうしたなか起こったのが1936年12月の**西安事件**であった。

蔣介石はわずかの部下を連れ、国民党東北軍を率いて西安にいた張学良のもとに赴き、すみやかに共産党勢力を討伐するよう督促した。ところがこのとき、蔣は張に拉致監禁されてしまったのだ。ことのあらましを、以下に簡単に説明しよう。

張学良は満州軍閥・張作霖の息子で、のちに日本と手を切り、蔣介石にくだった人物である。しかしその後、満州事変によって支配地「満州」を日本に奪われてしまう。その後いったんヨーロッパへ赴くが、1934年に帰国すると、国民政府の司令官として中国共産党と戦った。だがやがて、中国共産党の抗日の呼びかけに共鳴し、19

36年4月、延安で周恩来（共産党の幹部）と会って停戦協定を結んだのだ。同じく西北軍（西安の地方軍閥）を率いる楊虎城も、抗日を訴える共産党に同調していった。

このような状況を悟った蔣介石は、わずかな護衛とともに張学良のいる西安を訪れ、共産党と戦うよう督促したのだった。

しかしこのとき張学良は、蔣介石に「内戦をやめ、抗日統一戦線をつくるべきだ」と、逆に説得をし、蔣介石はこれを拒絶した。

すると、張学良は蔣を監禁してしまったのである。そして、その後も蔣に対して強く「国共内戦の停止と一致抗日」と要求し続けた。けれども蔣介石は頑として首を縦にふらない。張学良から連絡を受けた中国共産党は、周恩来を西安に送り、この国民政府内の騒動の解決をはかろうとした。結果、最終的に蔣介石は、張学良の要求を受け入れて釈放され、事件は収束した。

この西安事件をきっかけとして、1937年から本格的に国民政府は共産党との内戦を停止し、抗日統一戦線の結成に向けての話し合いをはじめた。

だから7月に盧溝橋事件が起こったときには、国民政府は共産党と停戦しており、抗日へ向けて共闘できる体制ができつつあったのである。

前項で説明した通り、盧溝橋事件を受け、蔣介石は徹底抗日の談話を発表する。

つまり、盧溝橋事件が国民党と共産党をますます接近させることになり、9月23日、**第2次国共合作**（成立時期は異説あり）が成立し、対日徹底抗戦の体制が中国国内で完成したのである。

☞ ではなぜ、なぜ張学良らは蔣介石を拉致監禁してまで、内戦を停止し日本との徹底抗戦を求めたのだろうか？

そこには、当時の日本軍の、大陸での動きが大きく関係していた。

7 なぜ張学良らは蔣介石に内戦を停止し日本との徹底抗戦を求めたのか？

← 中国に駐留する日本軍や満州国の関東軍が華北にも侵出するようになったから

1931年の**柳条湖事件**に端を発した日本の関東軍の満州での軍事行動、すなわち**満州事変**は、世界中から非難をあび、続く満州国（日本の傀儡国家）の建国（1932年）は、結局、国際連盟の加盟国からは認められなかった。それを不満として日本は、1933年3月、正式に国連からの脱退を通告、そのまま軍事行動を継続するとともに、独自の満州経営に乗り出していくことを決めた。

こうした状況のなかで、蔣介石の国民政府は、これ以上日本軍が軍事行動を拡大しないよう、譲歩もやむを得ないと考え、1933年5月、日中軍事停戦協定（塘沽停戦協定）を取り交わした。つまり、満州国を認めてしまったわけだ。

なぜこのような妥協をしたのかというと、期待をかけた国連決議に日本が従わなかったことに加え、当時の国民政府が、各地に勢力を広げる共産党と激しい内戦状態にあり、とても日本の**関東軍**と戦う体力がなかったからだ。

関東軍とは、満州における日本の利権を守るために置かれた軍である。もともと1905年のポーツマス（日露講和）条約で、ロシアから獲得した関東州（旅順・大連を含む遼東半島の南端部）と南満州鉄道株式会社の利権を保護するため、守備隊としておかれたのが始まりだった。しかしやがて、急進的な参謀たちが率いたこともあり、大陸における勢力拡大の急先鋒となっていった。

塘沽停戦協定では、満州国と中国の間（長城以南）に非武装中立地帯をつくり、関東軍はそれを越えて軍事行動をしないという取り決めがなされた。この停戦協定が結ばれたことで、満州事変は一応の終止符が打たれ、事実上、満州は中国から切り離され、完全に日本の勢力下に入った。

ところが日本の軍部（主に陸軍）は、満州国の獲得では満足が出来ず、さらに中国大陸への侵略を続けようと、関東軍や**支那駐屯軍**（邦人保護のため中国に駐留している日本軍）が主体となり、**華北分離工作**を展開していったのである。

華北とは、満州国に隣接する華北5省（河北・山東・山西・綏遠《すいえん》・チャハル省）をいう。この地域を中国から切り離し、満州同様、日本の勢力下におこうという作戦だ。

これほど日本が領土欲を見せたのには、ワケがある。世界恐慌による不景気から脱するため、イギリス、フランス、アメリカなどが保護貿易をはじめたことに対抗しようとしたのだ。

世界恐慌は日本にも昭和恐慌をもたらしたが、**犬養毅**《いぬかいつよし》内閣の**高橋是清**蔵相は、金本位制から変動相場制に移行し、為替放置という手段によって円安に導き、輸出を大幅に伸ばして景気を回復させた。だが、ほかの列強諸国はなかなか経済が好転せず、日本のやり方をダンピングだと非難し、自国と植民地だけで経済を完結させようと、輸出品に高い関税をかけたり、輸入量に制限をかけるようになった。これを**ブロック経済**と呼ぶ。

この列強の保護貿易政策により、日本の景気も下降していった。そこで日本も広大な植民地を獲得して円ブロック経済圏を構築しようと考えたのだ。

こうした動きに対し、中国の国民政府は同年、英米からの援助をうけて幣制改革を断行し、国内の経済統一をすすめていった。

日本の軍部は、アメリカが中国の経済に介入することや、国民政府がこの改革で経済的に安定することに危惧を抱いた。そこで北京や天津周辺へ兵力を増強し、1935年6月、国民政府と**梅津・何応欽協定**（支那駐屯軍司令官梅津美治郎と国民党の何応欽との協定）を結び、河北省から反日的な国民党勢力を追い払い、河北省全域に日本の影響力を拡大させたのである。同月末には、同じような内容の**土肥原・秦徳純協定**（関東軍の土肥原賢二と国民党の秦徳純との協定）を結んで、今度はチャハル省から国民党勢力を一掃した。

そして同年、日本は、親日的な殷汝耕という人物に冀東《きとう》防共自治委員会（のちの冀東防共自治政府）と称する日本の傀儡政権をつくらせ、河北省の自治を宣言させたのだ。

ちなみに冀東の「冀」というのは、河北省のこと。つまり冀東とは、河北省の東部地域を指す。日本政府も1936年に、正式に華北分離工作を国策と決定した。

こうした動きに対抗すべく、国民政府は政府の一機関として宋哲元という人物に北平（北京）で冀察《きさつ》政務委員会という組織を立ち上げさせ、多少の自治権を与えることで、日本が急激に華北を植民地化しようとする動きを牽制する。なお冀察の「察」とは、チャハル省のことを指す。

このように日本軍が華北への影響力を拡大していったことで、国民政府のなかには、「このまま共産党と内戦していていいのだろうか」という疑問の声が強くなった。中国の民衆も、華北分離工作を露骨に展開する日本軍に対して怒りをあらわにし、各地で反日デモがおこり、日本から祖国を救えという抗日救国運動が高まっていった。つまり、強い世論の後押しが、西安事件につながったと言えるのである。

ではなぜ、日本の軍部は華北にまで侵攻をしたのだろうか？

❽ なぜ日本の軍部は、華北にまで侵出するようになったのか？

←満州事変をめぐって国際連盟から脱退したことで制約がなくなったから

日本の軍部が満州だけにとどまらず、さらに華北へ勢力を拡大できた理由の一つに、日本の国際連盟脱退がある。脱退により国際社会から孤立したが、却ってそれが、制約なく軍事行動を展開できる状態にしたのだ。

本項では、日本の国際連盟脱退までの経緯を見ていこう。

柳条湖事件をきっかけに、**関東軍**が満州全土を制圧する勢いをみせると、蔣介石の国民政府は日本の軍事行動を国際連盟に提訴した。そこで連盟は１９３２年1月、イギリスの**リットン**卿を中心とする調査団を組織して事件の究明にあたらせた。

これに危機感をいだいた関東軍は、同年3月1日、清朝最後の皇帝だった溥儀を執政とする満州国を建国した。当初は満州を日本の領土に編入するつもりだったが、日本政府や軍中央が難色を見せ、列国からの非難の声も激しくなった。しかも連盟の調査団が動き出したので、新しい国家をつくるという方針に改めたのだ。

満州国は民主共和制をかかげ、「**五族**（漢民族、満州民族、蒙古民族、朝鮮民族、日本民族）**協和**」と「王道楽土（各民族が搾取されず、対等に生活できる理想的な社会）」をうたった。けれど、その実態は、関東軍が軍事力を牛耳り政府の権力を日本人が握る日本の傀儡国家だった。さらに関東軍は、北の興安省と東の熱河省へも進軍し、人口3400万人を擁する満州国は日本列島の約3倍の国土に膨張した。

時の**犬養毅**首相（立憲政友会総裁）は満州国の存在には否定的で、満州は日中の共同管理のもとに置き、暴走した関東軍高官を天皇の名で処分しようと考えていたというが、5月、首相官邸に押し入った青年将校らに射殺されてしまった（**五・一五事件**）。

かわって組閣した斎藤実《まこと》内閣は、9月に満州国と日満議定書を取りかわし、満州国を国家と認めて正式に国交を樹立した。

一方、各地で調査をおこなってきたリットン調査団は、10月にその結果を公表した。報告書では、日本の軍事行動は合法的な自衛措置ではなく、満州国も自発的な民族運動によってつくられたものではないと結論づけ、今後満州地域は中国の主権のもとで自治政府をつくって管理されるべきだと提言した。ただし、満州における日本の既得権益は認められるとする文言も盛り込まれた。

この調査団の報告書にもとづき、1933年2月に連盟は臨時総会を開き、「満州国は日本の傀儡国家である。日本は満州国の承認を撤回し、関東軍は満州事変以前のように満鉄付属地内へ撤退すべき」という日本への勧告案を審議した。審議の場で日本全権の**松岡洋右**《ようすけ》は、日本の立場や正当性を見事な英語の演説で主張したものの、勧告案は賛成42対反対1（反対票は日本）の圧倒的多数で採択されてしまった。

この結果に対して松岡は、「勧告（日本に対する勧告案）が世界のこの部分（東アジア）における平和を確保するものと思惟し得ない」という宣言書を読み、日本が連盟から脱退することを示唆したあと、席を蹴って議場を退出した。

日本国民は松岡の帰国を熱狂的に迎えたが、意外にも松岡自身は、国連からの脱退には反対であった。が、外務省の方針ゆえ、こうした態度をとったのだった。

翌3月、日本政府は正式に**国際連盟からの脱退**を通告した。通告が発効したのは1935年のことである。こうして日本は国際社会からの孤立を選んだわけだが、逆にいえば、列国から中国への侵略を非難されても、その声を考慮することなく独自の道を突き進むフリーハンドが与えられたわけだ。

このように日本が正式に連盟脱退を通告したことから、蔣介石の国民政府は1933年5月、仕方なく日本政府と日中軍事停戦協定（塘沽停戦協定）を結び、満州国を黙認することになった。この停戦協定により、満州事変は収束を見たが、今度は政治的に華北への侵出に乗り出していくのだ。

国際連盟を脱退した日本は、国際社会からの非難を知りながら、独自路線を進むことを選んだのである。

ではそもそもなぜ、日本は国際連盟を脱退できたのだろうか？

❾ なぜ日本は国際連盟から脱退できたのか？

←日本国民の圧倒的多数が軍部や関東軍の行動（満州事変）を支持していたから

日本が国際連盟から脱退できた背景には、国民の圧倒的多数が軍部の行動を支持していたという事情があった。本項では、当時の日本軍の大陸侵略の過程と、国民の反応について解説したい。

前述したが、清朝崩壊後の中国では、激しい政権争いが絶え間なく続いていたし、各地には軍閥が盤踞している状態だった。そんな中、蔣介石の国民政府は力を蓄えていき、中国統一を目指して北伐を進め、1928年6月、ついに北京に入城。北伐は完了した。同月、国民政府は全国統一を宣言。その年の12月末には満州軍閥の張学良が合流し、国民政府は完全に中国の統一を成しとげた。

統一された中国では民族意識が高まり、列国との不平等条約の撤廃や国権回復を要求するようになり、こうした動きに後押しされた国民政府は、1931年に不平等条約の無効を列国に対して宣言した。

このころ日本国内では、**浜口雄幸**《おさち》首相が右翼の凶弾に倒れ、1931年4月に**若槻礼次郎**が浜口内閣の主要閣僚を引き継ぐかたちで第2次内閣（立憲民政党内閣）を組織していた。外務大臣は**幣原喜重郎**のままで、中国に対する協調外交を継続した。

しかし軍部や右翼は、幣原の外交を軟弱外交だとこきおろした。とくに中国の国権回復運動が満州にまで波及しそうになると、関東軍は強い危機感をおぼえ、世論に「満蒙の危機」だと訴えるとともに、武力で満州を支配下に置こうと考えるようになった。

そんな中、1931年9月18日、奉天郊外の柳条湖付近で満鉄（日本の南満州鉄道株式会社）の線路が突然爆破された（**柳条湖事件**）。

ただしこれは、関東軍の謀略であった。わざと犯行を中国軍に見せかける工作をしたのだ。この柳条湖事件の主導者は、関東軍高級参謀の板垣征四郎と参謀の**石原莞爾**だった。かねてから石原は、近い将来、航空機戦を中心とする大規模な日米の殲滅戦争（世界最終戦争）が起こると予測、これに勝利するためには早急に満州（奉天・吉林・黒竜江の東三省）を中国から切り離して日本の支配下におき、アメリカに対抗できる国力を有するべきだと主張していた。

この計画は、軍中央の首脳部も薄々察知しており、事前に実行を制止するため陸軍参謀本部から建川美次が派遣されたが、結局、黙認してしまった。関東軍は、鉄道の爆破を中国軍の仕業だとして近くの中国軍基地への攻撃をはじめ、その後、一気に軍事行動を広げていった。こうして**満州事変**が始まった。

若槻内閣は、満州事変の対応を協議するため臨時閣議を開いたが、このとき幣原外相は事変を速やかに収拾させるべきだと強く主張。この意見が通って若槻内閣は「軍事行動をこれ以上大きくしない」という不拡大方針を発表した。

ところがなんと関東軍は、内閣の方針を無視して軍事行動を継続したのである。

こうした行為は、統帥権（軍隊の指揮権）が政府の管轄になかったことが原因の一つといえた。統帥権は陸海軍が天皇を補弼するかたちで掌握しており、政府（内閣）といえども直接介入することができなかったのだ。

とはいえ、軍中央は事変の拡大を望んでいなかったし、閣僚には軍人出身の軍部大臣も含まれていた。ゆえに内政・外交をになう強大な政治権力（内閣）が、もし全力で阻止にあたれば、さすがに関東軍も暴走を止めた可能性が高い。なぜそれができなかったかといえば、内閣が一枚岩でなかったのが一因だ。

当時、内務大臣の安達謙蔵が「関東軍を抑えるため、政敵の政友会と連立内閣を組むべきだ」と主張したのに対し、幣原外相と井上準之助蔵相がこれに強く反発するなど、閣内不一致という険悪な状況が生まれていたのである。

だが、関東軍の独走を許した最大の原因は、国民の強い支持だといえる。

当時の日本国民は、満州事変を熱狂的に歓迎した。マスコミもこれをあおり立てたことで、世論は完全に関東軍の側に立ったのである。当初、軍中央の首脳部は事変の拡大に反対していたが、こうした状況に次第に態度を変えていった。

この結果、若槻首相は事変の収拾に自信を失い総辞職してしまった。代わって内閣を組織したのは、立憲政友会の**犬養毅**であった。

満州事変が起こった当初、アメリカ以外の列国は強い抗議をしなかった。すでに事変以前から経済的な利権は日本が握っていたからである。けれど、イギリスの利権が強い錦州（現在の遼寧省西部）を関東軍が爆撃したことで事態は急変する。国際世論がにわかに厳しくなり、アメリカもいっそう日本に経済制裁や外向的圧迫を加えるべきだと声高に唱えるようになった。

さらに犬養内閣が誕生した直後、今度は上海で大規模な日中両軍の軍事衝突が発生する。日本人僧侶が上海で中国人に襲撃されて死傷したことを理由に、海軍の陸戦隊が上陸して中国軍と戦いを始めてしまったのである**（第1次上海事変）**。ただ、中国軍は頑強に抵抗し、双方で3000人を超える戦死者が出た。

上海は列強の資本と利権が錯綜する国際都市である。そんな場所で大規模な軍事行動を起こしたことで、日本は激しい国際的非難を浴びることになり、満州事変における列国の姿勢はますます硬化した。

そこで犬養内閣は、満州事変について中国政府と直接交渉しようと考えた。

しかし関東軍は、早々に奉天・吉林・黒竜江の東3省を軍事占領してしまい、1932年3月、清朝最後の皇帝・溥儀を執政に据え、満州国の建国を宣言する。

前項で触れた通り、国際連盟は満州国を認めなかった。また首相である犬養も、満州国の承認には消極的であった。それでも、多くの日本国民はこの軍部の行動を支持したのだった。

ではなぜ、そもそも日本国民の多くが、軍部を支持したのだろうか？

⑩ なぜ国民の多くは軍部を支持するようになったのか？

← 汚職を繰り返し、経済を好転させられない政党内閣に失望したから

内閣を無視し、軍中央のコントロールから外れていく関東軍を、なぜ日本国民は支持したのだろう？　それは、権力を担っていた歴代の政党内閣に対し、並々ならぬ不満があったからだ。順を追って解説していこう。

明治維新後の日本では、藩閥政治と呼ばれる特定藩の出身者が政治を動かす形態がとられてきた。だが次第に国民は藩閥政治に反発を覚え、政党内閣を求めるようになる。

詳しい経緯は次章に譲るが、そういった国民の動きが結実し、紆余曲折を経て政党政治が実現し、１９２５年には**普通選挙法**が成立した。これ以後、最後の元老（天皇に首相を推薦できる国家の重臣）である西園寺公望《きんもち》も政党に組閣させるようになった。こうして立憲政友会と立憲民政党（憲政会）の二大政党制が数年間続いていく。

このように国民から多大な期待を寄せられ誕生した政党内閣だったが、すぐにその期待を裏切るようになる。

遊郭を自社の所有地に移転させようとして、土地会社が多額の賄賂を政友会や憲政会の議員に配った汚職事件や、田中義一首相が陸軍大臣のとき、軍の機密費を公債にかえて金を調達し、政治資金として利用しようとした疑いが出るなど、政党の汚職が次々に発覚していったのである。

こうした相次ぐ不祥事にくわえて、政党内閣が日本経済を好転させることができなかったことも、国民を失望させた要因の一つだ。

遡ること１９１９年、第１次世界大戦が終わり大戦景気は終息し、翌年から日本は**戦後恐慌**に見舞われた。さらに１９２３年に**関東大震災**で首都圏の企業や工場が大きな打撃を受けると、不良債権を抱えている銀行の業績が悪化。1927年には人びとが不安を覚え、預金を下ろそうと銀行の窓口に殺到する**取り付け騒ぎ**が起こって**金融恐慌**が発生、その後も景気は安定しなかった。

1929年7月、政友会の田中義一内閣が倒れ、立憲民政党の**浜口雄幸**内閣が誕生する。浜口内閣は慢性的な不況を打開しようと、大蔵大臣の**井上準之助**が中心となって**緊縮財政**を進め、軍事費や各省庁の経費を削減、国債の発行を減らして国家予算を引き締めた。さらに井上蔵相は、不況の続く日本経済を好転させるには思い切った大手術が必要だと判断、大戦景気で誕生した多数の不良中小企業をつぶし、大企業に合理化を断行させて産業界を再編成し、すぐれたモノを安価に量産できる体制をつくり、欧米企業に対抗させて輸出を伸ばそうと考えた。そのためなら井上は、失業者が多少増えても仕方がないと割り切った。

こうして1930年1月、浜口内閣は**金解禁（金輸出解禁）**を断行した。これより前、日本は円と金（正貨）の交換を停止していたが、それを再開したのだ。

円が金と交換できるようになったのだから、日本の通貨（円）の価値は上がる。しかも、急激な円高となった。円高は輸出には不利だ。とくに当時は大幅な輸入超過だったので、円高になれば貿易収支は一気に悪化する。しかし浜口内閣は、あえて輸出を不振にし、生産性の低い不良企業を整理・淘汰しようとしたのだ。

だが、ちょうど数カ月前にアメリカのウォール街の株価が大暴落、**世界恐慌**に発展しつつあった。結果、日本の製品はますます海外で売れなくなり、逆に欧米の優良企業が商品を思い切って値下げしたので、優れた外来品が大量に国内へ流入した。

　こうして輸出は予想をはるかに超えて大きく減少し、正貨（金）は海外へ流出、会社の倒産や休業が続出した。多くの企業は生き残りをかけて、リストラや操業短縮、賃金カットなど合理化によって建て直しを図ったり、同じ業種でカルテルやトラストを結んだ。

　そのため、失業者は爆発的に増大し、賃金カットによって生活苦に陥った人びとが急増した。これを**昭和恐慌**と呼ぶが、さらに世界恐慌のために農村における輸出の主力だった繭や生糸の値段が暴落、東北の農民は著しい貧困におちいり、親が娘を遊郭などに売ったり、学校に弁当を持って来られない欠食児童が続出した（農村〈農業〉恐慌）。

ちょうどそんな時期に、**満州事変**が発生したのである。

政党内閣に失望し、不景気にあえぐ国民は、満州という広大な土地が手に入れば日本の経済は好転すると信じ、関東軍の軍事行動を熱狂的に支持するようになった。

こうした国民の支持が背景にあったればこそ、関東軍は暴走することができたのである。

さらに農村出身者の多い青年将校たちは農村の疲弊に不満をもち、**血盟団事件**や**五・一五事件**など政財界人へのテロを繰り返し、政党内閣を倒し軍部内閣の樹立を叫ぶようになったが、国民はそうした運動をも支持するようになっていった。

こうして日本は、軍国主義国家へと舵を切っていくことになる。

では、どのようにして政党政治が日本に生まれたのだろうか？

次章ではその起こりについて、解説していきたい。

テーマ史 13

山東出兵と満州某重大事件

1926年、中国国民党の**蔣介石**が**国民革命軍**を組織して北上（**北伐**）を始めた。当時の中国は、中華民国という国家の体裁をとってはいたが、実際は軍閥の緩やかな連合体であり、列国の侵略を許していた。そこで蔣は「反帝国主義」をかかげて軍閥を平定し、翌1927年、南京に国民政府を樹立した。

日本は満州に利権を持っていたので、時の田中義一内閣（立憲政友会内閣）は国民革命軍を牽制するため、邦人の保護を理由に山東半島へ派兵した。田中は蔣介石の中国統一を妨げるつもりはなかったが、満州の支配を認める考えもなかった。満州は当時、奉天軍閥の**張作霖**の勢力下にあり、張は日本に便宜を与えてくれていたから、あくまで田中は奉天軍閥を支援する方針だった。

翌1928年4月、山東半島に迫った国民革命軍を牽制すべく、田中内閣は第2次出兵を断行、このさい国民革命軍と軍事衝突（**済南事件**）が起こった。そこでさらに田中は増派（第3次出兵）した。このため蔣は日本軍との全面衝

突を避けて山東半島から離れ、軍を大きく迂回させ北京を目指すことにした。しかし
こうしたなか、同年6月、張作霖の乗る列車が爆破され、亡くなった。しかもそれは、関東軍の仕業だった。じつは河本大作ら関東軍参謀は、張では北伐を阻止できないと考え、中国革命軍の仕業に見せかけて張を爆殺し、治安維持を名目に関東軍が軍事行動を起こし、満州全土を制圧し国民革命軍を迎撃しようとしたのだ。この事件は政府によって厳しい箝口令が敷かれ、マスコミは**満州某重大事件**とのみ発表、国民は真相を知らされなかった。

ただ、関東軍の暴挙を知った田中首相は激怒し、昭和天皇に関係者の断固たる処分を約束した。ところがその後、陸軍や与党の立憲政友会から厳罰反対の声が上がり、田中は、責任者数名を軽い行政処分で済ませてしまう。この措置は昭和天皇の怒りを買い、ショックを受けた田中は総辞職したのである。天皇の不信任により内閣が倒れたのは前代未聞のことであった。

一方、張作霖の子・学良は、父親の死による満州の動揺を巧みに防いで関東軍に出動の隙を与えず、ある日突然、蔣介石の軍門に降った。こうして関東軍の謀略は失敗し、蔣介石の中国統一が成し遂げられたのである。

テーマ史 14

金融恐慌

元号が大正から昭和に変わったばかりの1927年3月、大蔵大臣の失言をきっかけに日本の金融界が大混乱におちいった。世にいう**金融恐慌**である。

第1次世界大戦の大戦景気で日本経済は空前の好況を迎えたが、戦後、ヨーロッパが復興すると輸入超過に転じ、1920年、株式が大暴落して戦後恐慌が発生。さらに1923年の関東大震災で日本経済は大きな打撃を受けた。とくに銀行や企業は戦後恐慌と震災で、21億円近い手形の流通や決済が困難になった。そこで政府は支払猶予令を出したり、損失補填したりしたが、それでも整理の進まぬ巨額の不良（震災）手形が残っていた。だから1927年3月当時、どの銀行が倒産してもおかしくない状況だった。

そこで若槻礼次郎（憲政会）内閣は、震災手形の処理をスムーズにする法案を議会に提出した。ところがその審議中、片岡直温《なおはる》大蔵大臣が「今日正午ごろ、**東京渡辺銀行**が破綻いたしました」とうっかり言ってしまったのである。ただ実際には、東京渡辺銀行はその後持ち直して営業を続けていた。いずれにせよ、この軽率な発言はすぐに広まり、庶民は潰れる前に預金を引き出そうと中小銀行に殺到した。この取り付け騒ぎの結果、6行が休業に追い込まれた。

いったんパニックは沈静化したが、翌月、赤字続きの**鈴木商店**のメインバンクである**台湾銀行**の経営危機が報道されると、台湾銀行で取り付け騒ぎが起こり休業を余儀なくされた。すると他の銀行の窓口にも預金者が殺到、15行が倒産し、37行が休業するという金融パニックが再発したのである。

若槻内閣は、台湾銀行を救済するため緊急勅令を昭和天皇に求めた。勅令など重大な案件は枢密院に諮詢（諮問）することになっており、天皇がはかったところ、**枢密院**は勅令に反対したのである。枢密院は閥族（保守派）の拠点で、若槻内閣が協調外交で中国に妥協していることに不満を持ち、倒閣を企図したのだ。こうして若槻内閣は総辞職を余儀なくされた。

かわって組閣した政友会総裁の田中義一内閣では、**高橋是清**大蔵大臣が3週間の**支払猶予令**を発し、その間、紙幣を大増刷し、銀行が再開されたとき窓口に札束を積んで人心を安堵させ、一気に金融恐慌を収束させたのである。

テーマ史 15

ロンドン海軍軍縮条約と統帥権干犯問題

立憲政友会の田中義一内閣の後に組閣したのは民政党の浜口雄幸である。浜口内閣は、1930年に**ロンドン海軍軍縮条約**に調印した。

第1次世界大戦後、二度とこのような悲劇を繰り返してはならないという風潮が世界でおこった。軍縮の流れもその一つで、1922年にワシントン海軍軍縮条約が結ばれ主力艦（戦艦など）の保有制限や比率が決まったが、1930年、ロンドン海軍軍縮条約では対象外だった補助艦（1万トン以上の主力艦以外の軍艦）について話し合われ、同年4月、日米英3国はロンドン海軍軍縮条約を締結した。

同条約では、総トン数で日本は対米英の7割（6・97割）を満たしたが、戦艦に匹敵する大型巡洋艦は6・2割で妥協して調印に踏み切った。全権は元首相の若槻礼次郎と海軍大臣財部《たからべ》彪《たけし》らであった。すると海軍内では、条約調印の可否をめぐり海軍軍令部などの反対派（艦隊派）と容認派（条約派）が対立するようになった。野党の立憲政友会や枢密院は艦隊派に加担し、**統帥権干犯**だと浜口内閣を攻撃しはじめた。

海軍軍令部は、戦争での作戦や兵の用い方を担う天皇の直属機関だ。軍令部条例では「兵量を決定するさいには、海軍軍令部の同意が必要」とある。これを盾にとり、「内閣が海軍軍令部の同意を得ないで、勝手に軍縮条約に調印したのは、天皇の統帥権を侵す（干犯）ものだ」と攻撃した。

浜口首相は、この攻撃に屈しなかった。浜口内閣では、幣原喜重郎外相が協調外交を展開しており、米英との関係を最優先に考え、反対派と徹底的に対決した。浜口が強気になれたのは、与党の民政党が同年2月の総選挙で100議席を増やす大勝利をつかみ、議会で過半数を制していたからだ。議会で野党の立憲政友会を押し切れる状況にあったのである。それに、マスコミや世論も軍縮条約に賛成し、国民の過半数が浜口内閣を支持していた。

こうした追い風に乗って、浜口内閣は美濃部達吉の天皇機関説などを根拠に、枢密院に対しても枢密院議長と副議長を首にしてやるといった脅しをちらつかせ、反対派を押さえこんだのである。

テーマ史 16

二・二六事件

1936年2月26日未明、陸軍の青年将校らが率いる第1師団の歩兵第1・第3連隊を中核とする1485名が、岡田啓介首相、鈴木貫太郎侍従長ら重臣たちを襲撃し永田町一帯を占拠した。このクーデターで高橋是清蔵相や斎藤実内大臣ら総理大臣経験者、渡辺錠太郎教育総監が殺害された。世にいう**二・二六事件**である。

首謀の青年将校らは、川島義之陸軍大臣に「蹶起趣意書」を手渡し「天皇に仕える不義の重臣を排除し、天皇親政のもとに国家改造を断行してほしい」と要求した。だが、彼らに確たる政権構想があったわけではない。このクーデターは陸軍の派閥争いが高じた結果、起こったに過ぎなかった。当時、陸軍内では2つの派閥が反目していた。政府を合法的に軍部寄りに変えようとする統制派と、軍部内閣樹立のためには武力も辞さないとする皇道派だ。劣勢になっていた皇道派は、今回のクーデターで一気に挽回しようとしたのである。

この頃、革新的な青年将校や右翼は「農民が貧困に苦しむのは腐敗政治家や富を独占する財閥のせいだ」と考え、軍が政権を握って国家改造を断行し平等な社会を創ろうとした。これまでも井上準之助元蔵相や団琢磨三井合名会社理事長が殺され（**血盟団事件**）、犬養毅首相が射殺（**五・一五事件**）されたが、今回は比較にならない規模であった。

昭和天皇は、重臣を殺した反乱軍の行動に怒り反乱の鎮圧を厳命した。しかし陸軍首脳は、反乱軍の要求を容認するかのごとき言動をとった。陸軍が陸軍（反乱軍）を討つ事態を避けたかったのだ。

不満を募らせた天皇は、「奴らは私の股肱の臣を虐殺した兇暴な者たち。私が近衛師団を率いて討伐する」とまで口に出した。このため陸軍首脳も腰を上げたが、同士討ちを避けるため、あらゆる手段を用いて反乱軍に投降を呼びかけた。結果、反乱軍は原隊へ戻り、クーデターは4日目に鎮圧された。事件後、首謀の青年将校や彼らに影響を与えた右翼の**北一輝**らは死刑となった。こうして皇道派が壊滅、陸軍は統制派のもと一枚岩となり、以後は組閣にまで口をはさむなど、軍部は政治に大きな発言力を持つようになった。

テーマ史 17

第2次近衛文麿内閣の成立と日独伊三国同盟の締結

第2次世界大戦でドイツが連戦連勝すると、これに触発された元首相の近衛文麿は1940年6月、枢密院議長の職を退き「ドイツのナチスやソ連の共産党のような一大政党をつくり、その指導のもとで新たな政治体制を構築したい」と公言、**新体制運動**を開始した。軍部はこの運動に乗じ、戦争に邁進できる体系を整えたいと願った。一方各政党は、近衛の新体制運動は軍部から政治的主導権を取り返す絶好のチャンスだとみた。革新的官僚も、近衛の運動で巨大な国民組織をつくり、財閥などの独占資本を抑え、全体主義的な統制経済体制を確立したいと考えた。近衛本人は、長期化する日中戦争を解決するため、国民全体におよぶ巨大組織を成立させ、その政治力を背景に軍部の独走を抑えたいと意図していたといわれる。

このようなそれぞれの思惑のなかで、各政党や諸団体は、積極的に組織を解体して近衛の新体制運動に合流した。国民も運動を支持したので、軍部は近衛に内閣を組織させるため、畑俊六陸軍大臣を辞任させ、**軍部大臣現役武官制**を悪用して後任陸相を出さず、親米派の米内光政内閣を崩壊させたのである。

こうして1940年7月、大きな期待をになって第2次近衛内閣が誕生した。近衛は組閣直前、首・陸・海・外相予定者を集めて事前会談をおこない、「第2次世界大戦への不介入方針を転換し、ドイツ・イタリア・ソ連との提携を強化し、南方（東南アジア）へ積極的に進出する」と決めた。そして同年9月、日本は、ドイツとイタリアと軍事同盟を結んだのである。

これを**日独伊三国同盟**と呼ぶが、具体的な内容は「日本は、ドイツ・イタリアの欧州での指導的地位を認める。ドイツ・イタリアも日本のアジアにおける指導的地位を認める。そして、これら3国のうちいずれかが、現在戦っている国以外の第三国から攻撃をうけたときは、政治的・軍事的に援助しあう」というもの、つまり攻守同盟であった。もちろん第三国は、アメリカを想定していた。

こうした動きにアメリカは怒り、日本への屑鉄・鉄鋼の輸出を禁止するという強硬な経済措置に出た。かくして日独伊三国同盟により、日米関係はますます悪化していったのである。

テーマ史 18

新体制運動の結果、誕生した大政翼賛会

1940年7月、新体制運動を始めた近衛文麿は再び首相の座につき、既成政党は次々と解党して運動へ合流していった。だが、派閥争いなど紆余曲折があって、運動の結果として10月に組織された**大政翼賛会**は、大組織であったものの、ナチスとはほど遠い官製的な機関になってしまった。近衛も当初の意図とは異なる鬼子が生まれたため、大政翼賛会に多くを期待しなくなった。

大政翼賛会の総裁は総理大臣が兼任し、支部長は各府県知事が兼ねることになった。各政党も同会に入ったが、やがてその主導権は軍部が握るようになる。しかし、近衛に次いで内閣を組織した東条英機首相は、太平洋戦争時、この大政翼賛会を巧みに利用して戦時体制を強化した。

1942年5月、東条は大政翼賛会の刷新を閣議で決定し、行政官庁の指導下にあったさまざまな組織を同会の傘下に入れた。具体的には大日本産業報国会、農業報国連盟、商業報国会、日本海運報国団、大日本青少年団、大日本婦

人会などの指導監督権や人事予算権は、大政翼賛会がにぎることになったのである。

さらに町内会、部落会、**隣組**（隣保班）も大政翼賛会の指揮下へ組み込んだ。町内会長と部落会長は大政翼賛会の世話役、隣組長は世話人を兼ねることとした。隣組とは、1940年に組織された近隣グループで、10戸程度を1単位として地域の消防活動、灯火管制、警報伝達などにあたることとされていた。

こうした改変の結果、大政翼賛会は、さまざまな組織を掌握し、速やかな上意下達で国民に戦争協力を強いることができるようになった。実際、政府や軍部が大政翼賛会に下した通達は、町内会、隣組へとスムーズに伝達され実施されていった。具体的には生活物資の配給、政府の宣伝や警察情報の伝達、出征兵士の歓送活動、防空訓練、勤労動員、貯蓄・国債の割当などである。

このように大政翼賛会は、戦争遂行のための完璧な上意下達機関となったが、逆にいえば、権力の命令を受けるだけの機関に成り下がってしまったわけだ。

第４章

政党政治の終焉

―第1次護憲運動

❶ 政党内閣制は、なぜ日本で定着していったのか？

←大正デモクラシーの高まりの中で、2度の護憲運動を経て国民が「憲政の常道」といわれる状態を強く求めたから

前章の最後で、政党内閣の腐敗と経済面での無策さから、国民は政党内閣より軍部の行動を支持するようになった、と解説した。だが、国民の非難にさらされた政党内閣制は、もともと国民が要求し、長い時間をかけてやっと実現させた制度だった。

少し話はさかのぼる。

明治維新後、新政府内では藩閥が政権をにぎり、特定の藩出身者しか権力の座に近づけなかった。やがてそれに反発する動きが急に強くなるのだが、これはちょうど本章で紐解いていく大正時代(1912〜1926年)と重なる。**大正デモクラシー**と呼ばれる自由な空気の中、民主的な政治を希求した日本人が数多くいたのだ。

前章で解説した通り、「経済面での政党内閣の失策」と「満州へ侵攻し利益を拡大する軍部」という状況のなかで、国民は軍部に惹かれ、政党内閣は求心力を失っていく。だが、それでも大正時代に始まった本格的な政党内閣は昭和の初期まで続いた。

この第4章では、大正時代、藩閥権力との戦いの中でどのように政党政治が定着していったのかを、さかのぼってみていきたい。大正は15年という短さだが、政治史的には大きな転換期であり、できるだけ丁寧に事象を追っていきたい。

明治の後半から大正時代へ移るに従い、国民の政治に与える影響力は急速に大きくなっていく。もちろん為政者たちはそれを封じようと、あの手この手で対するのだが、いつしか世論を無視しては政治が立ち行かなくなり、「憲政の常道」と言われるように、政党政治が慣習的に続くようになる。

日本最初の本格的な政党内閣といえば、**原敬**《たかし》内閣だ。だが原は、自分に強い不満を抱いていた一人の青年によって、東京駅で暗殺されてしまう（詳細は次項にて）。原は本格的な政党内閣を実現させたわけだが、その後も政党内閣制が続いたかといえば、意外にもそうではなかった。

1921年、原敬首相が殺されたあと、立憲政友会総裁になった**高橋是清**が原内閣の閣僚をすべて引き継ぐかたちで首相となったが、党内抗争によりわずか7カ月で内閣は瓦解、翌1922年、かわって組閣を命じられたのは海軍閥の**加藤友三郎**だった。基本的なことだが、戦後に日本国憲法が定められるまで、日本に議院内閣制はなかった。それ以前は総理大臣の任命を天皇がおこなっており、その人選は元老（明治維新の功労者たち）の推薦・助言にしたがうのが通例だった。

その慣例通り、原、高橋と続いた政党（立憲政友会）内閣が倒れた後、元老会議では次の首相を誰にすべきか話し合い、現役の海軍大将である加藤友三郎を推した。政党政治は、ここで一度途切れたのである。

加藤首相は国民の声に配慮して真剣に**普通選挙法**の成立を目指したが、翌1923

年8月に現職のまま病気のために死去した。

そこで元老は、次の総理に同じく海軍閥の**山本権兵衛**を推薦した。

ところが組閣途中の9月1日に**関東大震災**に見舞われたのだ。山本首相は挙国一致（国を挙げて団結した）をかかげて積極的に震災の対応にあたり、同時に普通選挙法を実施する姿勢をみせたので国民の人気は高かったが、同年12月、**虎の門事件**が起こってしまう。

議会の開院式に出席するため自動車で虎の門にさしかかった摂政宮（のちの昭和天皇）をテロリスト難波大助が狙撃したのである。摂政宮に怪我はなかったが、山本内閣はこの重大事件の責任をとって総辞職した。

政党は、次は自分たちに政権が回ってくることを強く期待したが、組閣を命じられたのは元老・山県有朋の側近である**清浦奎吾**《けいご》だった。しかも清浦は、保守的な貴族院議員を閣僚に多く登用し、貴族院勢力を背景とする内閣を組織した。

このように、加藤・山本・清浦と、3代にわたって非政党内閣が続いたことで、政党の憲政会や革新倶楽部は、この清浦率いる超然（閥族・貴族院）内閣と全面対決する姿勢を見せた。

一方、議会で絶対多数をにぎっていた立憲政友会は、新内閣に協力するかどうかをめぐって内部対立に発展、最終的に**高橋是清**総裁は不支持に回ることを決めたが、反対した床次竹二郎、山本達雄らは政友会を脱退して政友本党を創設した。

政友会から政友本党へ合流した脱党議員は149名となり、なんと残留した議員（129名）より多くなった。政友会は完全に真っ二つに分裂してしまったのだ。

なお、政友本党は清浦内閣の与党となった。

憲政会の**加藤高明**、**政友会**の**高橋是清**、**革新倶楽部**の**犬養毅**の3党のリーダーは、結束して清浦内閣打倒へと動きはじめた。

対して強気な清浦は、議会を解散したのである。

野党3党は政党内閣の実現、普通選挙の断行、減税の実施、貴族院の改革などをかかげ、民衆を扇動して**第2次護憲運動**（**憲政擁護運動**）を展開するなど、巧みな選挙活動をおこない、総選挙において過半数を獲得、清浦内閣を総辞職させた。

そこで元老は仕方なく、50議席以上のばして第1党になった憲政会総裁の加藤高明に組閣を命じた。加藤は護憲運動で協力した3党（憲政会・政友会・革新倶楽部）で連立内閣をつくった。当時、3党を**護憲三派**と呼んでいたので、第1次加藤高明内閣を俗に**護憲三派内閣**と呼ぶ。党外からは、幣原喜重郎が外務大臣に抜擢され、対英米協調（幣原）外交が開始された。

加藤内閣は国民に約束したとおり、1925年3月に普通選挙法を成立させた。25歳以上の男子全員に原則として選挙権が与えられ、有権者は4倍になった。

しかし護憲三派内閣は、成立から1年ほどで崩壊してしまう。政友会と革新倶楽部が連立から離脱してしまったのだ。その後、政友会では高橋是清が総裁を辞任し、かわって長州出身で陸軍閥のリーダー田中義一が総裁に迎えられた。さらに犬養毅が政界からの引退を表明、革新倶楽部の同志は政友会に合流した。

内閣の連立が崩れたことを受け、最後の元老・西園寺公望は、ふたたび憲政会の加藤高明を首相に推薦、加藤は憲政会単独で第2次内閣を組織したが、1926年1月に現職のまま死去。かわって憲政会の新総裁となった**若槻礼次郎**が内閣を組織した。

なお、若槻礼次郎在任中に、大正天皇が崩御（1926年12月25日）、元号は昭和に改まる。若槻内閣（第1次）の後は、**田中義一**内閣、**浜口雄幸**内閣、若槻内閣（第2次）、**犬養毅**内閣と政党内閣が続くことになった。

　このように1925年の第1次加藤高明内閣（護憲三派内閣）成立以後、1932年の五・一五事件で犬養毅内閣が倒れるまで、衆議院における多数党が政権をになう**「憲政の常道」**と呼ばれる政党内閣制が定着した。政権を担ったのは、**立憲政友会**と**憲政会（立憲民政党）**の二大政党であった。

　こうした状況が生まれたのは、大正デモクラシーの風潮のなかで、国民が閥族の支配を嫌い、原敬内閣のような本格的政党内閣や普通選挙法の成立を強く求めたからだといえよう。

　次項では、日本初の本格的な政党内閣である原敬内閣が、どのような経緯で生まれ、最後を迎えたのかを解説したい。

なぜ本格的政党内閣をつくった原敬首相は殺害されてしまったのだろうか？

❷ なぜ本格的政党内閣をつくった原敬首相は殺害されたのか？

←平民宰相と期待された原敬首相なのに普通選挙法の成立に反対したから

本格的な政党内閣である原敬内閣が誕生した背景には、前述したとおり当時の大正デモクラシーの高まりがあった。本項では、大正デモクラシーを牽引した2人の人物と、平民宰相・原敬の政治を軸に解説していきたい。

明治時代も後半になると、国民の教育水準が高まり、資本主義も発達する。そうしたなか日露戦争の講和条約に反対する大暴動（日比谷焼打ち事件）を機に、国民は自分たちの政治的な力を自覚し、これまでの抑圧からの解放を求めるようになる。弱い立場の人びとも団結してさまざまな主張を声高に叫ぶようになった。

そんな大正デモクラシーの風潮を高めるうえで大きな役割を果たしたのが、**美濃部達吉**と**吉野作造**であった。

東京帝国大学の教授である美濃部は、1912年にその著書『憲法講話』で憲法の解釈について**天皇機関説（国家法人説）**をとなえた。美濃部は、国家は同じ目的をもつ多数の人間の集合体だと考える。つまり天皇も議員も一般国民も共同の目的で結合している組織なのだから、憲法で国家の最高機関とされている天皇は、自分個人のためではなく、組織全体の目的のために政治をおこなうべきだと主張したのだ。同時に美濃部は、天皇が国民の権利をおさえて絶対服従を要求する専制政治に反対し、政党内閣制を積極的に容認した。

同じく帝大教授の吉野作造は、1916年に雑誌『中央公論』1月号に論文を発表し、現憲法のもとで民意を反映させ、民衆を重んじた政治をおこなうことが大切だと論じ、それを**民本主義**と称した。つまりは民主主義とほぼ同意なのだが、天皇制という国体をとっている手前、民主主義を声高に叫ぶことは難しかったので、欧米の民主主義と異なることを強調するため、民本主義という語をつくったのだ。

1918年、吉野は民本主義を普及させるため、知り合いの学者や思想家に呼びかけて黎明会（啓蒙団体）をつくり、講演会を開いて「民衆の意向を重視する政治を展開するためには政党内閣であるべきで、普通選挙で選ばれた代議士（衆議院議員）こそが民意を反映しているのだ」と国民に普通選挙法の成立を強く訴えていった。

こうしたなか、1918年に**平民宰相**と呼ばれた原敬が内閣を組織したのである。多くの国民が原内閣に普通選挙法の実現を期待し、**普選運動**（普通選挙法の実施を求める運動）が盛り上がった。当時の日本では国税10円以上を納める25歳以上の男子にしか選挙権は与えられていなかったが、すでに欧米先進国では、普通選挙が実施されている国が多かった。

なのに政治を牛耳る**閥族**（薩長出身の軍・官僚閥）が普通選挙に反対したのは、大衆に選挙権を与えたら労働者階級の支持を得た社会主義者や共産主義者が多数当選し、天皇制が崩壊してしまうのではないかと心配したからだ。

隣国では革命によってロシア帝国が倒れ、社会主義のソビエト政権が誕生していた。その影響もあって、日本の若者の間でも**マルクス主義**が流行りはじめ、共産・無政府主義者の活動も活発化していた。今後、同国の影響が国民の間にさらに広がることが懸念され、権力者たちは普通選挙の実施に批判的だった。

意外なことに政党内閣を率いる原首相自身も普選に反対だった。立憲政友会が地主や都市の資本家を基盤とするブルジョア政党だったからだ。だから原内閣は、1919年に選挙権の納税資格を10円から3円に大きく引き下げたものの、普通選挙は認めようとしなかった。

こうした原の姿勢に対し、期待していただけに国民の反発は激しく、普通選挙期成同盟会が中心となって普通選挙を要求する過激なデモ活動が全国的に吹き荒れ、1920年には普選運動は最高の盛り上がりをみせた。

この動きを倒閣のチャンスととらえた憲政会ら野党は、議会に普通選挙法案を提出。しかし原首相は、普通選挙はまだ早いとして、法案が提出されるやすぐに衆議院を解散したのである。総選挙に絶対に勝てるという自信があったからだ。

事実、選挙では政友会が議席を120近くも増やす圧勝に終わった。勝因の一つは、大選挙区制から小選挙区制に変えたことだ。くわしい説明はここでは省くが、この制度は与党の政友会にとって大変有利に働くものであった。

もう一つ、政友会が利権を餌にしたことが絶大な効力をあげた。

原内閣は積極財政を展開し、全国の道路改修や鉄道の敷設に力を注いだ。政友会の地盤は地方農村なので、地元の有力者（地主や豪農）に「あなたの地域の道を整備しますよ、線路を敷設しますよ」という利権をちらつかせ莫大な票を集めたのである。総選挙で政友会が絶対多数を獲得したことで、普通選挙の実現は不可能となり、普選運動は急速に衰えた。安定政権となった原内閣は、閥族の山県有朋と巧みに提携しつつ**積極政策**を展開していったが、そんな政治も1921年11月に突如終わりを告げた。政党政治の腐敗と普通選挙法の不成立に激怒した中岡艮一という18歳の青年に、原首相は東京駅で刺殺されてしまったのである。

日本初の本格的な政党内閣を成立させ、平民宰相として一時は国民から熱狂的に支持された男の、あっけない最期であった。

ではそもそも、なぜ原敬は首相の座に就けたのだろうか？

当時、内閣総理大臣は元老の推薦で天皇が任命するものであり、閥族（薩長出身の軍・官僚閥）から選ばれるのが通例であったが、原は閥族ではなく平民だった。

❸ なぜ原敬は、首相になれたのか？
←閥族の寺内正毅内閣が強引に米騒動を鎮圧し、国民が不信感を持ったから

原敬内閣が成立する1918年より4年前——1914年に開戦した第1次世界大戦から、本項を始めたい。

第1次世界大戦が始まると、翌1915年から日本は空前の好景気となった。中国などアジア市場への綿製品、アメリカへの生糸、ヨーロッパへの軍需品をはじめ、にわかに海外輸出が増えたのである。これを**大戦景気**と呼ぶ。

しかし好景気による品不足もあって、国内の諸物価は急騰、庶民の生活は苦しくな

った。とくに１９１７年になると、米の値段が高くなる。好景気で企業や工場の事業が拡大されたことで、労働者の不足をおぎなうため農村から都市部へ人口が流入。こうして増加した労働者が大量の米を消費するようになった。

いっぽう米を供給する農村では逆に働き手が減って人手不足におちいり、米の生産量は停滞する。こうして需要と供給のバランスが崩れ、全体として米は不足がちになってしまった。米相場が上がると、地主や米穀店は米の売り惜しみをして値をさらにつり上げ、商社も投機を狙って米の買い占めに走った。そのために大阪堂島米市場の相場は、１年間で倍に跳ね上がったという。

時の**寺内正毅**《まさたけ》内閣は、物価高による庶民の不満の高まりを認識し、治安対策に力を入れ警察官を大増員した。同時に暴利取締令を出して、米の買い占めや売り惜しみを制限し、海外からの米穀の輸入を増やした。だが、あまり効果が出なかった。

翌１９１８年７月、富山県下新川郡魚津町で騒動がもちあがる。漁師の妻たちが井戸端会議で「ここで採れた米を船で他県へ送っているから、米の値が高くなるのだ。今日は米を満載した船の出航を阻止しよう」と話し合い、実力で米の積載作業を中止させ、近隣の米屋に米の移出中止を求めたのである。

この事件自体は、それほど大きな騒乱ではなかったが、各新聞が「富山の女一揆」とか「女軍」などと競って報道したため、世論を大きく刺激した。そして、同様に米穀店に安売りを強要したり、米屋や富豪を打ち壊して米や財宝を強奪する事件が頻発する。これが、**米騒動**のはじまりである。

さらに翌8月、寺内内閣が**シベリア出兵**を決めたことが騒動をいっそう拡大させた。シベリアへ兵を派遣すれば、兵士が大量の米を消費する。それを見越して買い占めに走る商社が続出、ますます米価が上昇したからだ。こうして富山県からはじまった騒ぎは、各地に飛び火して全国的な大暴動へと発展していく。

最初、大都市圏で発生した暴動は、中小都市、そして農村へも広がっていった。とくに暴動の中核をなしたのは、日頃苦しい生活をしいられてきた貧困層だった。

政府は、新聞社に米騒動の記事を掲載するのを禁止させるとともに、軍隊を各地に出動させて鎮圧にあたった。

この結果、9月末になってようやく暴動は沈静化するが、騒動がおこった地域は1道3府38県38市153町177村におよび、およそ70万人が参加し、そのうち2万5000人以上が検挙され、約8000人が起訴、2名が死刑宣告をうける未曽有の大暴動になった。この騒動の責任をとって寺内正毅は、内閣を総辞職した。米騒動は組織的な倒閣運動ではなかったが、政府に民衆パワーを実感させ、同時に民衆も自分たちの力の大きさを自覚したのである。

寺内内閣にかわって1918年9月に誕生した**原敬**内閣は、陸・海・外相の3大臣以外はすべて立憲政友会の党員が大臣となった。このため、**本格的政党内閣**と呼ばれた。

元老（首相を決める国家の重臣）たちが政党内閣を容認したのにはワケがある。

米騒動の強引な鎮圧により寺内内閣が退陣に追い込まれたあと、元老の山県有朋は「また閥族（薩長出身の軍・官僚閥）を首相にしたら国民が許さないだろう」と考え、かつて立憲政友会総裁だった西園寺公望を首相候補として大正天皇に推薦しようとした。西園寺なら2度の首相経験があり、閥族にも理解があると思ったからだ。

しかし西園寺はこれを辞退し、原敬を首相にするよう山県を逆に説得したのだ。

原は立憲政友会の総裁であった。つまり、彼を首相にするということは、政党内閣を承認するということになる。山県は大いに不満であったが、寺内内閣を後援してきた政友会が野党の憲政会と提携して敵に回り、国民を煽動して再び倒閣を叫ぶ運動が盛りあがることも考えらえた。そういった動きを恐れ、山県は西園寺の意見にしたがい、元老会議で原を次期首相に推薦することにしたのだ。

この当時、元老が恐れていたのは、1912年に盛んになった憲政擁護運動（第1次）のような、国民による倒閣運動の再来であった。もはや民衆の世論を考慮しなくては、政治は立ちいかない状態になっていたのである。

ではなぜ、そもそも、原の前任である寺内正毅は、閥族出身にもかかわらず首相になれたのだろうか？

国民の閥族政治への目は、すでに厳しいものであったし、彼の前任は、日本初の政党内閣を率いたとして国民から人気の高かった大隈重信だ。国民的人気のある大隈の次に、閥族の寺内が内閣を組閣できたのはなぜなのか？　次項で見ていきたい。

❹ なぜ閥族の寺内正毅が内閣を組織することになったのか？

←元老が大隈重信内閣を必要としなくなったから

前項で、閥族の寺内正毅内閣が米騒動の対応に失敗し、その反動が、本格的な政党内閣である原敬内閣の誕生につながったと述べた。では寺内内閣がどのようにして成立したのかといえば、前任である大隈重信首相と元老たちのいざこざが原因だった。本項では大隈首相の辞任から寺内内閣成立までのいきさつを見ていこう。

1916年10月、国民に人気のあった第2次**大隈重信**内閣が総辞職してしまう。彼はその国民的人気を買われ、元老らに請われて首相の椅子に座ったのだが、その後、支持率が急落する。きっかけは意外にも大勝に終わった総選挙だった。

1914年12月、大隈内閣は議会に陸軍の2個師団増設案を提出した。当時は野党の政友会が議会で絶対多数をにぎっていたので増設案は否決された。すると大隈首相はただちに議会の解散に打って出た。総選挙で勝利する自信があったのだ。

ちょうど第1次世界大戦が勃発し、日本は**日英同盟**を理由にドイツに宣戦し、日本軍は中国でのドイツの拠点青島やドイツの植民地南洋群島を武力制圧した。だから陸軍の増強に反対する国民の雰囲気が薄れていた。

翌1915年3月、総選挙が実施されたが、大隈の与党・**立憲同志会**などは選挙運動で内閣の人気を巧みに利用した。

まず当時は珍しかった蓄音機を活用した。弁舌さわやかな大隈の演説をレコードにして候補者に配布し、街頭演説のときレコードをかけさせたのだ。

また大隈は、閣僚を引き連れて精力的に候補者の推薦演説にまわったが、現役の首相が内閣総出で選挙応援に出向くのははじめてのことだった。

さらに大隈は、列車に乗りつつ駅に列車が止まる数分の間に、車窓から大衆に向かって候補者の推薦演説を展開した。この様子は新聞にも写真入りで大きく報道されたが、こうした斬新な選挙戦略は庶民を熱狂させた。

大隈が創設した早稲田大学では、同校の校友会が核になって大隈伯後援会が設立され、会員で話術に優れた者がチームを組んで各地へ演説に出向いたり、資金を援助したりした。財閥の三菱・三井などからも大隈のもとに豊富な選挙資金が集まった。

この結果、選挙では政友会が80議席を失う大敗を喫して第2党に転落し、大隈の与党が絶対多数を獲得。大隈内閣は6月の議会で陸軍の2個師団増設案を通過させたのである。

ところが、この選挙を担当していた内務大臣の大浦兼武が、政友会代議士らに選挙前、陸軍師団の増設に賛成させようと賄賂をおくったり、選挙時に立候補を断念させたり離党させたりするため、収賄していた事実が発覚する。

また、政府が警察や役人に指示して卑劣な選挙干渉をおこなったことも表沙汰になり、マスコミがまず内閣批判に転じ、国民も大隈内閣に失望するようになった。すると大隈を推した元老らも、手のひらを返したように態度を硬化させたのだ。

次項で詳しく述べるが、そもそも大隈を擁立したのは閥族の長である元老たちだった。閥族内閣が政党や国民の反対にあって次々倒れるなか、彼らは国民に人気だった老政治家・大隈を引っ張りだしたのである。

だが、総選挙によって、閥族の宿敵である政友会が第2党に転落し、なおかつ、念願だった陸軍2個師団の増設も議会を通過したことで、大隈内閣を援助する必要がなくなった。もっとはっきり言うと、利用価値が失われたのである。

もともと大隈は閥族とは正反対に位置する政党人。だから内閣支持率が急低下すると、元老（閥族）勢力は貴族院などを動かして大隈内閣の予算案通過を妨害しようとした。困った大隈首相は、辞職する約束を山県有朋ら元老と交わし、どうにか予算案を通過させた。

こうして大隈は首相を降りるが、そのさい次期首相をめぐって山県との間で最後まで意思統一ができなかった。大隈は与党である立憲同志会の**加藤高明**を、山県は閥族（長州出身で軍閥）の寺内正毅朝鮮総督を推し、たがいに譲らなかったのだ。

慣例として新首相は元老会議によって決定されるが、加藤にこだわる大隈は辞表に「私の後継者として加藤高明を推薦する」と記したのだ。首相が後継者を推薦するのは前代未聞のことで、激怒した山県は元老会議で強引に寺内を首相に決定した。

だが、寺内内閣が組織された翌日、大隈内閣の与党であった立憲同志会、中正会、公友倶楽部（大隈伯後援会による代議士たちの新党）は合同して憲政会を創設した。絶対過半数をもつ巨大政党だ。

議会運営に危機感をいだいた寺内首相はこの状況を打破すべく、憲政会と国民党が内閣不信任案を提出したことを理由に議会を解散した。

1917年4月に総選挙が実施されたが、不人気な大隈内閣を支えていた憲政会は国民の支持を得られず第2党に転落。第1党には政友会が返り咲いたので、寺内内閣は以後、政友会の協力を得て政治をすすめていった。

ではなぜ、元老は大隈を総理大臣に据えたのだろうか？

大隈は国民に支持された政治家ではあったが、当時、すでに政界を引退していた。それを再登板させたのには、ある理由があった。

❺ なぜ閥族の長や元老は、大隈重信を総理として再び登板させたのか？

← 元老が桂・山本内閣など閥族に不満を持つ国民の批判をかわそうとしたから

政界を完全に引退していた大隈重信を首相の座に引っ張り出したのは元老たちだ。そもそも閥族と正反対の政党政治家である大隈を、なぜ元老たちは総理大臣にしようと考えたのか？

それは、1つ前の**山本権兵衛**内閣も、その前の桂太郎内閣も、政党や国民による激しい倒閣運動にさらされて倒れたという過去が影響していた。

山本権兵衛は薩摩出身の海軍閥に属する軍人で、長く海軍大臣を務めたこともある政治家だ。閥族の山本が首相になることに、国民は当初から不満があった。山本内閣は閣僚の大半が政友会党員という、ほとんど政友会内閣のようなものだったのだが、それでも国民の支持は低かった。

そんな山本内閣に海軍高官による汚職事件（**ジーメンス事件**）が発覚すると、国民の激しい非難にさらされ総辞職を余儀なくされてしまった。

ほぼ政友会内閣ともいえたのに国民に受け入れられず、ジーメンス事件をきっかけに国民が倒閣に動いたことに、元老たちは衝撃をうけた。後述するがほぼ1年前にも、時の内閣（第3次桂太郎内閣）への国民の倒閣運動（第1次護憲運動）が起こり、短期間で辞任に追い込まれていた。

それもあって、次の組閣にかなり手間取っている。元老会議では薩閥の長老で元老の1人でもあった松方正義がいいということになったが、松方は首相就任のすすめを断わった。そこで今度は、貴族院議長であった徳川家達《いえさと》が指名された。家達は前将軍徳川慶喜《よしのぶ》から家督をついで徳川宗家16代目の当主となった人物だ。だが一族が反対したこともあり、家達も辞退した。

次に元老が白羽の矢を立てたのが清浦奎吾である。

熊本出身の清浦は、政府の官僚として有能だったので山県有朋の目にとまって抜擢され、山県のもとで内務官僚として警察制度の整備にあたり、第1次桂太郎内閣では司法大臣や内務大臣もつとめた。1906年からは枢密院顧問官となって政界から遠ざかっていたが、元老から指名をうけるとさっそく組閣に入った。けれど、海軍大臣候補の加藤友三郎が、「山本内閣のときに否決された海軍拡張費を認めねば入閣しない」と無理な条件を出したので、清浦は嫌気がさして組閣をやめてしまった。

ここにおいて元老の井上馨《かおる》が、山県有朋の同意を得て大隈重信の引き出しにかかったのである。

大隈といえば立憲改進党を創設して政党内閣をとなえ、明治時代中期には日本初の政党内閣（**隈板内閣**）を組織した政党人だ。このときは政界から引退していたが、社交的で弁舌さわやかなうえ、各界の有力者との交際も広く、国民にも絶大な人気があった。

だから国民は、大隈内閣が誕生すると大歓迎した。こうした反応は、元老たちの思惑どおりだった。

実際、大隈内閣の閣僚の多くは閥族（官僚）だったが、大隈人気が目隠しの役目を果たしてくれたのである。元老は、大隈人気を利用すれば、議会で絶対多数をにぎっている政友会を少数党に転落させることができ、閥族（とくに長州・陸軍閥）の念願である陸軍2個師団増設の実現も可能だと考えた。

前項で述べたように、この願いは見事に達成されたのである。

ではどのようにして山本権兵衛内閣は成立し、なぜ瓦解したのだろうか？
ジーメンス事件の概要と合わせて、次項で見ていきたい。

❻ なぜ山本権兵衛内閣は瓦解したのか？

← 閥族が国民の力を利用して、山本内閣を倒す方向へ動いたから

前述した通り、**山本権兵衛**は薩摩・海軍出身の閥族で、1898年の第2次山県有朋内閣から1905年の第1次桂太郎内閣までずっと海軍大臣の地位にあった。

だから山本が首相に推薦されたとき、国民の間では不満の声が渦巻いた。

政友会のなかでも山本は支持できないという意見があったが、政友会主流派の原敬らは、閥族の山本と提携して政権をになうのが現実的な選択だと考えた。そして、閣僚の大半を政友会党員とすること、政友会の主義主張に沿った政治をおこなうことを条件に、山本内閣の与党になることを申し入れたのである。

山本はこれを喜んで受け入れ、外・陸・海の三大臣以外はすべて政友会から大臣を出すという、ほとんど政友会内閣に近い第1次山本内閣が成立した。

1つ前の第3次桂太郎内閣に対しては、「閥族打破」をとなえて大衆を扇動し倒閣を果たした政友会だったが、桂内閣が倒れるや、コロリと手のひらを返して閥族である山本と手を結んで権力の中枢に入りこんだわけだ。ちなみに政友会内部で山本（閥族）との連携に反対するグループ（26名）は、脱党して新たに政友倶楽部を創設した。

山本首相は第2次西園寺公望内閣（政友会内閣）の政策を引き継ぎ、思い切った行政改革を断行、緊縮財政をしくとともに官僚5000人以上の定員削減をした。なおかつ、山県有朋が政府内への政党勢力の浸透を防ぐためにもうけた**軍部大臣現役武官制**を改正、予備・後備の将官も軍部大臣になれるよう枠を広げ、さらに文官任用令も改正して、ある程度内閣が高級官僚を自由に任用できるようにした。

こうした行政改革のなか、とんでもない事件が発生する。ジーメンス・シュッケルトというドイツの通信・電気機械会社が、機械を買ってもらうかわりに日本海軍の高官にリベートを渡す約束をしていたことが発覚したのだ。この事件を調べていくなかで、さらに数年前、海軍の高官が戦艦の発注にからんでイギリスのヴィッカーズ社から巨額の賄賂を受けとっていた事実も明らかになった。世に言う**ジーメンス事件**である。

海軍といえば、山本権兵衛首相の拠点だ。その海軍の度重なる汚職事件の発覚で、山本内閣は危機に陥る。もともと国民に人気のなかった内閣だったから、この汚職事件を知って民衆は内閣を激しく批判するようになった。

とくに、前任の第3次桂太郎内閣を倒す際、中心的な役割を果たした憲政擁護会は、**「薩閥根絶・海軍廓清」**(薩摩閥を滅ぼせ、海軍の悪いものを追い出して清めろ)をスローガンに倒閣運動を展開していった。1914年2月6日には、両国国技館に1万5000人の人々が結集し、内閣打倒を叫んだ。さらに2月10日に議会が開かれると、国会議事堂の周囲に数万人の民衆が取り巻いたのである。桂内閣の崩壊からちょうど1年、ふたたび人々は倒閣行動に出たのだ。

議会には、山本内閣への弾劾上奏案が提出された。が、当時衆議院は政友会が絶対多数をもっていたので、これを否決した。さらに議事堂を取り巻いている民衆に対しても、政府は警察に断固たる鎮圧を命じた。そのため警察官は刀を振りかざして大衆に切り込み、人々を追い散らした。こうして危機を乗り切ったかに見えた山本内閣だったが、3月24日には総辞職してしまった。

最終的に内閣を崩壊に追い込んだのは民衆ではなく、なんと貴族院（閥族の拠点の一つ）だった。

貴族院が山本内閣の予算案を否決したのだ。

山本自身は閥族だったが、大臣はほとんど政友会党員であるうえ、政党に有利な政策をすすめたので、貴族院は国民の反発を機に山本内閣打倒に舵を切り、衆議院を通過した予算案のうち海軍拡張費の大半を削ってしまったのだ。

その後、両院の協議会で再度予算案の話し合いがなされたが、結局折り合わず、最終的に貴族院は予算案を否決した。いまのように衆議院に優越権はないので、貴族院の反対によって予算は成立せず、山本内閣は総辞職に追い込まれてしまったというわけだ。

先の第3次桂太郎内閣は、政友会など政党が大衆の力を利用して倒したが、今度は、閥族が大衆の力を利用し、政友会が大臣の大半を占める山本内閣を倒したことになる。

いずれにしても、もはや大衆の力は、国の政治を左右するほど強大なものになっていたことがわかるだろう。


ではなぜ、第3次桂太郎内閣は倒されてしまったのだろうか？

次項では、在任期間は50日余りという超短命内閣の、成立から崩壊までを見ていきたい。

❼ なぜ第3次桂太郎内閣はわずか50日余りで倒れてしまったのか？

←倒閣と政党内閣を求める第1次護憲運動が国民運動に発展したから

第3次**桂太郎**内閣は、民衆の倒閣運動で瓦解した日本初の内閣である。その倒閣運動は**「閥族打破」「憲政擁護」**をスローガンに行われ、**第1次護憲運動**と呼ばれる大規模なものであった。また、桂内閣が民衆の力で倒された出来事を称して**大正政変**と呼ぶ。

本項では、日本の近代史に名を残す大規模な倒閣運動について紹介しよう。

1912年12月、過去2度の総理経験がある桂太郎に、3度目の組閣の大命が下る。

内大臣兼侍従として宮中に入ったばかりの桂が、またもや総理の椅子に座ったのには訳があった。直前の第2次西園寺内閣が陸軍と折り合わず、あっさりと総辞職し、後任が見つからなかったのだ。

元老たちは首相候補に次々と打診をするも、皆断られてしまう。当時の世論は、陸軍と対立した西園寺（および、彼が率いる立憲政友会）支持に傾いており、その後任に座ることは、国民の強い風当たりを予感させた。そのため、次期首相の引き受け手が見つからなかったのである。

そこで元老たちは、西園寺に続投を打診するが、西園寺ははっきり拒否した。仕方なく山県ら元老たちは、桂太郎を登板させたのだ。

2度総理を経験した桂は、この時期、内大臣兼侍従として宮中に入ったばかりだったが、そんな人物に政権をになわせたことで、国民は「宮中と政治の別を乱す行為だ」と激しい非難の声をあげた。波乱の船出である。

早速、立憲政友会や国民党は、人気のあった政友会の尾崎行雄と国民党の犬養毅を表にたて、**閥族打破・憲政擁護**をスローガンに、倒閣運動（憲政擁護運動）を開始した。反政党系新聞社も紙面からこれを応援した。また、交詢社（慶応大学OB・実業家・新聞記者・政治家・知識人の社交クラブ）が中核となって憲政擁護会が創設された。結果、**第1次護憲（憲政擁護）運動**は、急速な進展をみせた。

対して桂首相は新党の旗揚げを公表、「政府系政党を合同し、国民党と政友会から脱党した代議士をこれに合流させ、衆議院の過半数を超える巨大新党をつくる」と断言したのである。しかしもくろみは失敗に終わり、呼びかけに応じて結集したのはわずかに93人、衆議院の4分の1にも満たぬ小勢力だった。

桂は新党創設のため議会を停止していたが、1913年2月5日に再開する。

このとき数万の国民が国会議事堂のまわりを取りかこみ、胸に白バラの徽章をつけた政友会・国民党代議士の入場を熱狂的におくった。

議会では尾崎行雄が、総理でありながら政党を組織しようとしたり、天皇の詔勅を利用して政権維持をはかろうとする桂首相を激しく攻撃した。

この日、議会に内閣不信任案が提出されると、桂は5日間の停会を命じた。そして天皇の力（詔勅）をかりて立憲政友会総裁の西園寺公望に協力を働きかけ、この混乱を切り抜けようとした。当時、天皇の言葉は絶対だったので西園寺は悩んだが、「もはや倒閣運動を止めることはできない」と判断、政友会総裁を辞任した。

西園寺がやめたことで政友会は自由に行動できるようになり、これまで以上に国民党とともに激しく桂内閣を突き上げた。

5日間の停会が終わり、いよいよ議会が再開された。政府は、国民が議事堂に乱入することを予測し、なんと5000人という多数の警察官を周辺に配備した。それでも議事堂前に集まった民衆をおさえ切れず、警戒線は突破され議事堂の敷地内に人々がなだれ込んだ。警察は、騎馬隊を使って民衆を踏み散らし、追い払おうとした。

こうした大混乱が外で起こっているなか、議事堂内では不信任案の撤回をめぐって激しい攻防が繰り広げられ、政友会が不信任案を通す意思をみせたため、桂は衆議院の解散を決意、大岡育造衆議院議長にその方針を告げた。しかし大岡は「議会を解散したと知れば、外にいる数万の国民は黙っていない。内乱に発展するかもしれない。考え直してほしい」と伝えたのである。ここにおいてさすがの桂も、解散方針を撤回し、議会に3日間の停会を命じたうえで、総辞職を表明したのである。

憲政擁護運動という民衆を大動員した倒閣運動によって、第3次桂太郎内閣は発足から辞職までわずか50日という短命に倒れたのである。これを**大正政変**と呼ぶ。

民衆の倒閣運動で内閣が瓦解したのは、これが最初のことであった。

ただ、国会議事堂を取り巻いていた民衆には、内閣総辞職の情報は正しく伝わらず、3日間の停会という情報だけが入ってきた。そこで暴動が起こってしまった。群衆は周辺の政府系新聞社に襲いかかり、新聞社ビルのガラスは投石によって粉々に砕けた。警察署も庶民の標的になった。交番の多くは、群衆にメチャクチャに破壊されたうえ、火がつけられた。都心は大暴動となり、ついに軍隊が出動して鎮圧に乗り出す騒ぎとなった。なお、この騒乱は東京だけにとどまらず、大阪、神戸、京都、広島など全国あちこちに飛び火していく。

いずれにせよ、倒閣を求める護憲運動が国民的かつ、全国規模の運動に発展したことで、第3次桂太郎内閣は50日余りで瓦解したのである。

ではなぜ、第1次護憲運動はこんなにも全国的に広まっていったのだろうか?

❽ なぜ第1次護憲運動は、全国的な運動に発展したのか？

← 政治力を持った国民が閥族の支配に不満を高めていたから

1912年7月30日、大日本帝国の象徴であり、英主であった明治天皇が崩御し、大正天皇が即位した。この出来事は国民に一つの時代の終わりを実感させるとともに、何か新しい変革を期待させることになった。中国では1911年に**辛亥革命**がおこり、この年、清朝が倒れて孫文による**中華民国**が創立された。こうした動きも、その雰囲気に拍車をかけた。

明治天皇が死去した当時、日本の政治は、政党と閥族が妥協したうえで交代で政権につく**桂園時代**がつづき、マンネリズムに陥っていた。経済も長年の輸入超過と日露戦争時の外債返済のために国際収支が悪化し、不況だった。そのうえ、日露戦争での増税は戦後も軽減されず、国税で軍部は軍備拡張をつづけていた。

さらに、1905年に日露戦争の講和条約に反対して発生した日比谷焼打ち事件は全国的な暴動に発展、政府は戒厳令を出さなくてはならぬほどになった。この事件を機に、国民は自分たちの政治力を実感するようになった。

こうした中で、**陸軍のストライキ**が発生する。

元号が明治から大正にかわったとき、政権を担当していたのは立憲政友会総裁の西園寺公望だった。西園寺内閣は経済不況による財政難を立て直すために、予定されていた多くの公共事業を延期し、あらゆる分野の次年度予算を大幅にカットすることにした。陸軍は**上原勇作**陸軍大臣を通じ、辛亥革命の影響が日本の植民地になった朝鮮半島におよばぬよう**2個師団の増設**を求めたが、閣議の場で否決されてしまった。

西園寺は「たとえ内閣が倒れることになっても、2個師団の増設費は次年度予算に盛りこむつもりはない」と言ったという。ただし、「もう1年待ってくれれば、考える」という妥協案も提示した。しかし上原陸相はこの返答に怒り、直接大正天皇のところへ行って内閣を非難したうえで、陸軍大臣を単独で辞任したのである。

陸軍大臣が欠員となったので、西園寺は新たな大臣を出してくれるよう、陸軍や陸軍に大きな影響力をもつ山県有朋に依頼した。当時は、軍部大臣現役武官制といって、陸軍大臣は現役の大将・中将にかぎるという規則があった。だから内閣が勝手に政党人や官僚、あるいは民間人を軍部大臣に登用するわけにはいかず、どうしても軍部やその実力者に打診して人物の推薦を求める必要があった。

ところが、陸軍は後任を出そうとしなかったのである。もちろん、2個師団増設が認められなかったことへの報復措置であるのは明らかだった。この事態を、俗に陸軍のストライキと呼んでいる。

陸軍は後任をしぶることによって内閣から妥協を引き出し、2個師団の増設を勝ち取ろうと考えていたのだ。場合によっては、西園寺内閣を倒し陸軍に都合の良い内閣をつくろうとしたのかもしれない。

だが、この陸軍のストライキは、予想外の大事件へと発展する。

陸軍の拒否にあった西園寺が、陸軍関係者とたいして交渉することなく、あっさりと内閣を総辞職したのである。というのは、世論が陸軍のやり方に激怒し、西園寺率いる立憲政友会を熱烈に支持したからだった。つまり、陸軍や閥族（薩長藩閥出身の軍人や官僚、貴族院や枢密院など政府内保守勢力）と対決して、政友会の勢力拡大をはかろうとしたのである。

今述べたように、国民は長い間、閥族の支配に服していたが、民衆に教育が普及し政治的な力が高まった結果、不当な支配をはねのけ、民意が反映される政党政治を求めて倒閣運動を始めていくことになったのである。そのきっかけを与えたのが、陸軍のストライキであった。

大正の幕開けとともに、国民は自分たちにより近い政治を求めるようになるのだが、こうした民衆の政治的運動の萌芽は、実は明治の末期から見ることができる。

次章では、日清・日露と2つの戦争を体験した明治時代について、紐解いていこう。

テーマ史
19

第1次世界大戦の勃発

ドイツは、プロイセンの首相である**ビスマルク**の活躍によって1871年に樹立された帝国である。つまり、明治政府と同じ時期に生まれた新興国だったが、20世紀に入ると急激に軍事力を増強し、各地に植民地を持つようになった。

1882年、ドイツはオーストリア・ハンガリーとイタリアと**三国同盟**を結んだが、やがてヴィルヘルム2世が皇帝として即位、1890年にはビスマルクは退けられた。ヴィルヘルム2世率いるドイツは、「世界政策」の名のもと海軍を大拡張し、イギリスやフランスの植民地をうかがうようになる。これに脅威を覚えたイギリスは、ドイツに対抗するため、ロシアやフランスとの間で**三国協商**を成立させたのである。こうして両陣営は次第に対立を深めていき、20世紀初頭、さらに関係は悪化していった。

この時期、多くの民族が集まるバルカン半島ではたびたび紛争が起こっており、その背後にはドイツ、ロシア、イギリスなどの大国がひかえていたので、一触即発の状況にあり、いつ大規模な戦いに発展してもおかしくなかった。このためバルカン半島は**「ヨーロッパの火薬庫」**と呼ばれていた。

そんな火薬に火がついたのが、1914年6月28日。バルカン半島にあるボスニアの首都サラエボを訪問したオーストリア皇太子夫妻が、セルビア人に殺害されたのだ。怒ったオーストリア政府は、翌月、セルビアに宣戦布告する。するとセルビアを支援するロシア・イギリス・フランス三国協商グループとオーストリアと提携するドイツとの間で互いに宣戦がなされ、戦争はヨーロッパ中に拡大、やがて日本やアメリカなども参戦し、世界大戦へと発展した。当初は短期間で終結すると想定されていた戦争だったが、結局、4年以上におよんだ。戦車や潜水艦、飛行機などの新兵器が登場、新型の大砲や機関銃が大量に投入され、塹壕での消耗戦が展開された。1917年にアメリカが参戦すると膠着した戦局が動き、最終的に戦いはドイツ側（同盟国側）の敗北に終わったが、この世界規模の戦争は、これまで経験したことのない莫大な犠牲者や経済的損失を出すことになり、人類にとって大惨禍となってしまった。

テーマ史 20

日本の大戦への参戦と二十一カ条の要求

第1次世界大戦が始まると、イギリスは日英同盟のよしみで日本に参戦を求めてきた。中国の膠州湾の青島を拠点にするドイツの東洋艦隊が、イギリス商船を襲う心配があったので、日本海軍に撃滅してもらおうと考えたのだ。そんなわけでイギリスは、極東水域での限定的な参戦を依頼してきた。

この要請を受けて、時の第2次**大隈重信**内閣は、ただちに参戦を決定した。ただ、戦争がはじまってしまえば戦域を区切るのは不可能だとして、全面的に参戦するとイギリス側に伝達した。日本の意欲の旺盛さに驚いたイギリスは、参戦の要請を取り消した。中国大陸が日独の戦場になって中国市場が混乱したり、戦争を理由に日本が中国に侵出することを危惧したからであった。

しかし日本政府は、イギリスの了解を得ずにドイツに「膠州湾を引き渡せ」と最後通牒を突きつけ、期限内に回答をよこさなかったとして宣戦布告、すぐさま日本軍は膠州湾の**青島**を占領した。さらに日本海軍もドイツの植民地である**南洋諸島**を制圧。そのためイギリスも、仕方なく日本の参戦を認めた。

さらに日本政府は、ヨーロッパが主戦場となっているどさくさにまぎれ、中国の袁世凱政府に**二十一カ条の要求**を突きつけた。その内容は「ドイツの山東省（膠州湾を含む）の権益を日本に継承させろ。遼東半島の旅順・大連の租借期限や南満州鉄道などの期限を99年間延長しろ。南満州・東部内蒙古での日本人の土地所有権や自由な商工業への従事を認めろ。中国の巨大な製鉄会社・漢《かん》冶《や》萍《ひょう》公《こん》司《す》を日中合弁としろ。中国沿岸の港湾や島を、他国に譲ったり貸したりするな」というかなり強引な内容だった。

そこで袁世凱はこの無理な要求を拒絶するが、日本政府は最後通牒を突きつけるなどして最終的に受諾させたのである。

さらに世界大戦では、本文で述べたように、日本の輸出が急激に伸び、大戦景気がおこった。このように第1世界大戦は、日本にとってまさに漁夫の利だった。元老の井上馨は、大戦勃発時からこの戦争は日本に大きな利益になるとして、**「天佑」**＝天からの恵みという言葉を使って参戦を促したほどだった。

テーマ史 21

シベリア出兵と治安維持法

第1次世界大戦中の1917年、ロシア革命でロシア帝国が倒れて**ソビエト**政府が成立する。世界初の社会主義政府だ。隣国に社会主義政権が誕生したことは、天皇制を国体とする日本に衝撃を与えた。翌年、ソビエト政府はドイツと単独講和し、ロシアが共闘していたチェコスロバキア軍に武装解除を求めた。しかしチェコ軍は拒否しソビエト政権に抵抗する。そんなチェコ軍を救出する名目で1918年、日本は米・英・仏とともにシベリア出兵を断行した。

ロシア革命の影響で、若者を中心に日本でもマルクスの『資本論』が流行、1920年には日本社会主義同盟（社会主義者・労働運動家の大同団結組織）が成立した。1922年にはコミンテルン（国際共産党）日本支部として非合法のうちに堺利彦、山川均《ひとし》、徳田球一らが**日本共産党**を結成。1925年に組織された農民労働党は共産党と関係があるとして政府に即日禁止された。

この年、第1次加藤高明内閣は普通選挙法と抱き合わせで**治安維持法**を制定した。国体の変革や私有財産の否認を目的とした結社を禁止する内容で、違反者には10年以下の懲役・禁錮の罰則を科した。共産主義者などを取り締まり、普通選挙で予測される無産政党の進出を防ぐのが目的の一つだった。

だが、大戦景気による物価高騰と戦後恐慌による不景気で労働運動が高まり、1920年5月2日には日本初（第1回）のメーデーが上野公園両大師前広場で開催された。翌1921年には神戸の三菱・川崎両造船所で大きな争議がおこり、同年、本格的な全国的労働組合で、ストライキなどを指導する戦闘的な**日本労働総同盟**が成立した。小作争議も激増するが、1922年には杉山元治郎、賀川豊彦らによって争議を指導する**日本農民組合**が結成された。

こうした風潮のなか1928年の最初の普通選挙（衆議院総選挙）では、公然と共産党が選挙活動をおこない、無産政党が8議席を獲得したのだ。

これに衝撃を覚えた政友会の田中義一内閣は、日本共産党を大弾圧（**三・一五事件**）。治安維持法を改正して最高刑を死刑とし、思想弾圧のための**特別高等警察**（**特高**）を全国化し、翌年、再び共産党を大弾圧（**四・一六事件**）し、壊滅に追い込んだのである。

テーマ史22 ヴェルサイユ体制とワシントン体制

第1次世界大戦が終結し1919年に**パリ講和会議**が開催され、**ヴェルサイユ条約**が結ばれた。戦勝国の日本は、山東省の旧ドイツ権益を継承し、赤道以北の旧ドイツ領南洋諸島の委任統治権を獲得した。講和会議の席でアメリカのウィルソン大統領は、国際平和と民族自決をとなえ、1920年には国際紛争を平和的に解決する国際連盟が創設され、日本は常任理事国となった。

一方、ウィルソンの「民族自決」の主張は、他国の圧迫をうける地域の人々を喜ばせ、各地で独立運動が起こった。日本の植民地・朝鮮でも1919年3月1日に京城のパゴダ公園で独立宣言が朗読されたのをきっかけに独立運動**(三・一独立運動)**が始まり、以後、朝鮮各地で「独立万歳」を叫ぶ行進がおこなわれた。朝鮮総督府は運動を武力で鎮圧する方針をとり、最終的に7500人の死者が出た。中国では、北京の学生がヴェルサイユ条約調印反対運動を起こし、二十一カ条要求の破棄や山東省の権益返還を要求した**(五・四運動)**

ので、中国政府は国民感情に配慮してヴェルサイユ条約に調印しなかった。

１９２１年、アメリカのハーディング大統領がヨーロッパのような平和的な国際秩序（ベルサイユ体制）をアジア・太平洋地域でもつくろうと呼びかけ、ワシントン会議が開催され、海軍の軍縮や中国問題が話し合われた。会議では３つの条約が締結された。**四カ国条約**（米・英・仏・日）では太平洋平和の現状維持と日英同盟の破棄が、**九カ国条約**（英・米・仏・日・伊・ベルギー・ポルトガル・オランダ・中国）では中国の主権尊重や門戸開放・機会均等が、**ワシントン海軍軍縮条約**では主力艦保有率を米・英各５、日本３、仏・伊各１・67とし、10年間の主力艦建造禁止を決めた。軍部は不満をみせたが、日本政府は締結に踏み切った。また日本は、中国に山東半島の返還を約束した。

こうして軍縮に基づく太平洋・東アジア地域における列強諸国の協調体制**（ワシントン体制）**が確立。日本では１９２４年以後、幣原喜重郎外相が中国への内政不干渉、欧米列強との協調を基調とし、日本権益の確保と経済進出をめざす外交路線**（幣原外交・協調外交）**をとった。

テーマ史 23

関東大震災

1923年9月1日午前11時58分、相模湾北西部を震源地とするマグニチュード7・9の大地震が起こった。この地震による死者・行方不明者は10万5000人。全半壊・全焼家屋は37万棟以上、全被災者数が340万人という被害を出した。そこで政府は、1府3県に戒厳令（軍部にすべての権限をゆだねる天皇の非常法）を出したが、地震直後から各地でデマや流言も飛び交いはじめた。「今夜また大地震が来る。富士山が大爆発した。半壊した丸の内ビルを陸軍が砲弾380発で爆破した」などである。とくに「朝鮮人が暴動を起こした。朝鮮人が井戸に毒を投げ込み、放火している」というデマは急速に広がった。

その理由だが、4年前、朝鮮での独立運動を日本が断固鎮圧しており、この処置を日本にいる朝鮮人は恨んでいるのではないかという不安があった。また日本人が日頃から朝鮮人を差別しているので、震災の混乱に乗じて彼らに復讐されるのではないかという疑心暗鬼があったためだろう。

各町村では、自主的に武装した自警団が結成され、往来を通行する人びとを厳しくチェックした。そして朝鮮人であることがわかると、場合によっては彼らを殺害したのである。一説によると、震災の混乱時に殺害された朝鮮人は、6000人にのぼるという。また、200人近くの中国人も震災時に虐殺されている。殺害したのは、多くが一般市民だった。

また、震災のどさくさにまぎれ、無政府主義者の大杉栄と内縁の妻・伊藤野枝らが甘粕正彦憲兵大尉に連れ出されて絞殺された（**甘粕事件**）。川合義虎や平沢計七ら社会主義者・労働組合幹部ら10名が亀戸警察署内で軍人に殺された（**亀戸事件**）。

一方、地震直後から積極的な援助活動が開始された。内務省の統計では、政府に集まった義捐金は、援助物資も金額にして合計すれば8500万円にのぼった。青年団、町内会、在郷軍人会、宗教団体などの民間団体も、すぐに震災地に入って軍隊や警察にまじり、人命救助や炊き出しに活躍した。東京市も空き地や公園に数万の公営仮設住宅を建設。ただ、仮設住宅は震災後1年たっても2万件が残り、焼け出された8万人が生活していたという。

テーマ史24

大正文化

大学令の制定で私立大学が多く生まれて高等教育を受ける人が増え、事務系の職場で働く給与（俸給）生活者**（サラリーマン）**が大量に出現。タイピストや電話交換手、バスの車掌などの分野では高学歴の女性が進出、職業婦人と呼ばれた。**モボ・モガ**（モダンボーイ・モダンガール）と呼ばれた裕福な若者が洋服で銀座のカフェやビヤホールに足を運ぶ、銀ブラが流行した。

都市部では外食産業が発達し、家庭でもトンカツやカレーライス、コロッケなどの洋食を食するようになった。ガス・水道が整備された中流階層の住む新興住宅地では、和洋折衷の**文化住宅**が人気となり、農村の一般家庭にも電灯がともった。都市には鉄筋コンクリートのビルやデパート（百貨店）が並んだ。東京中央停車場（東京駅）や旧帝国ホテルはその代表だ。

娯楽として**無声映画**（活動写真）が大流行し、歌謡曲などの**レコード**が広まった。1925年には**ラジオ放送**が東京・大阪・名古屋で開始されたが、ラジオは比較的安価だったので急速に普及し、文化の大衆化を促進させた。

　新聞・雑誌などマスメディアも発達した。１９１９年に発刊された総合雑誌『改造』はマルクス主義や新知識を紹介、『中央公論』と並ぶ人気となった。大衆娯楽雑誌『キング』（１９２５年）、週刊誌の『サンデー毎日』と『週刊朝日』（１９２２年）、鈴木三重吉の児童雑誌『赤い鳥』（１９１８年）も創刊され、円本や岩波文庫など低価格な全集や文庫本が登場した。小説としては芥川龍之介、谷崎潤一郎などが純文学で、中里介山、大佛《おさらぎ》次郎、吉川英治、直木三十五が大衆文学で活躍した。労働運動・社会主義運動の高まりで、徳永直の『太陽のない街』や小林多喜二の『蟹工船』などプロレタリア文学も読まれた。

　演劇では小山内薫と土方与志が興行主に束縛されない公演をしようと築地小劇場（１９２４年）を設立。洋画分野では梅原龍三郎、安井曾太郎、岸田劉生ら、日本画では鏑木清方、横山大観、前田青邨らが優れた作品を生んだ。彫刻では高村光太郎の「手」、平櫛田中《でんちゅう》の「転生」が見事である。

　音楽分野ではオペラ歌手の三浦（柴田）環が「蝶々夫人」など本格的歌劇に挑戦。山田耕筰が日本初の職業的オーケストラ、日本交響楽協会を結成した。

第5章

日露戦争 ― 自由民権運動の高まり

❶ なぜ日露戦争の講和条約に反対する集会が大暴動に発展したのか？

←国民が全面的に協力したのに日露戦争で1円も賠償金を獲得できなかったから

前章では、**大正デモクラシー**の自由な気風の中、民衆の政治的動きが急速に力を増していく過程を解説していった。

じつは民衆が政治に影響力を行使する兆しは、明治時代後半にすでにあった。

ところで明治という時代は45年間あり、大正時代（実質約14年間）、平成時代（30年間）と比較しても長い。この45年の間に明治維新が起こり、日本の近代化が進み、日清戦争、日露戦争が起こる。まさに激動の時代と言えよう。

本書ではこの長い明治時代を5章と6章に分けて紐解いていくが、まずは明治後半に起こった、大正デモクラシーの始まりともいわれる暴動から、話を始めたい。

1904年に始まった日露戦争は大激戦の連続で、辛《から》くも1905年3月に日本が勝利した奉天会戦以後、もう日本陸軍には戦う力は残っていなかった。だが、同年5月、日本の連合艦隊がロシアのバルチック艦隊を全滅させた(日本海海戦)ことにより、ロシアが戦争継続の意欲を失うようになった。そこで日本政府はアメリカ大統領セオドア・ローズヴェルトに講和の仲介を依頼、結果、アメリカの軍港ポーツマスにおいて日露講和会議が開かれることになった。

日本の全権は**小村寿太郎**、ロシア側はウィッテが出席して日露での交渉がおこなわれ、1905年8月末、日露講和条約**(ポーツマス条約)**の内容がどうにかまとまった。

具体的には、次のとおりである。

1 ロシアは、韓国における日本の指導・監督権を全面的に認める。
2 ロシアは、南満州における旅順・大連の租借権と長春以南の鉄道とそれに付属する利権を日本に譲渡する。
3 ロシアは、北緯50度以南の樺太(サハリン)と付属の諸島を日本にゆずる。
4 ロシアは、沿海州での漁業権を日本に認める。

じつはポーツマスでの日露講和交渉は、いったん破綻しかけていた。というのは、小村寿太郎がこれで満足しなかったからだ。

もともと日本政府の戦争目的は、ロシアに朝鮮半島から手を引かせることにあった。その意味では、講和条約の内容は完全に条件を満たしているわけだが、小村は国民感情を考慮して賠償金と樺太全島の割譲に最後までこだわったのである。

日露戦争は、国民に多大な犠牲を強いた。戦争での出征者は108万人にのぼり、親族を兵士として戦場に送った家も多かった。そのうち8万人以上が亡くなり14万人以上が傷を負ったり病気になった。まさに総力戦だったわけだ。国民は重税に耐え、戦地の兵士に物資や金銭を寄付し、兵士の留守家族を町村全体で支えた。そのうえ政府系の新聞社は、偏向報道によって日本軍が戦争でかなり有利であるかのように偽りの記事を書いた。

そんなこともあり、大きな犠牲を払ったのにもかかわらず、1円もロシアから賠償金を獲得できないということが分かれば、当然、国民は許さないだろうと小村は判断したのである。

一方ロシアは、戦いに負け続けたものの、戦う体力はまだ十分にあった。

このため、賠償金にこだわる小村とウィッテとの間で激論が交わされた。最終的に小村はウィッテに秘密会談をもちかけ、日本側が抑留しているロシア艦の取得については放棄すること、樺太全島の割譲要求を引っ込め南半分で満足することなどを告げ、そのかわりに12億円の賠償金をロシア側が支払うことに同意させた。

この条件はすぐに両国に打電されたものの、ロシア政府が拒絶を通告してきたので交渉は決裂、両国の全権団は帰国の準備をはじめた。けれど日本政府が小村に対し「賠償金の獲得は断念し、樺太の南半分を確保すればよいから講和条約を結べ」と訓示したことで、急転直下、講和がまとまることになった。

こうして9月5日、小村とウィッテは日露講和（ポーツマス）条約に調印した。

条約の内容はマスコミによって国民も事前に知っていたので、この日、日本国内では、賠償金のない講和に対する大規模な反対集会が日比谷公園で開かれることになっていた。警視庁は安全を考えて公園の入口を封鎖したものの、民衆が公園内になだれ込み、その集団の一部が暴徒と化して政府系新社などを襲撃、さらに人数を増やしながら内務大臣官邸や交番などを襲撃していったのだ**（日比谷焼打ち事件）**。

あまりの参加人数の多さに首都・東京は混乱状態におちいり、ついに政府は戒厳令（緊急事態において軍部に指揮権をゆだねる勅令）を発したのだった。これにより軍隊が出動したものの、数日間は無法状態となった。

講和に反対する暴動は神戸や横浜でも発生し、国民は政府に強く反発するようになった。事態を収束させるため、第1次桂太郎内閣は西園寺公望総裁ら立憲政友会の幹部と話し合い、政党に政権を譲って退陣し、事態の決着をはかったのである。なお、帰国した小村寿太郎は、弔旗と罵倒をもって国民に迎えられた。

この日比谷焼打ち事件によって、民衆は自分たちの政治力に目覚めることになった。

研究者の多くは、この事件をもって大正デモクラシーの始まりとしている。

このように、日露戦争で人的・物的損害と莫大な借金を抱え疲弊した国民にとって、ポーツマス条約はとても認められる内容ではなかった。日露戦争とは、農村をはじめ日本社会が全面的に協力し、大きな犠牲を払った戦いだったのだ。

ではなぜ、当時の国民は日露戦争に全面的に協力したのだろうか？

❷ なぜ国民は日露戦争に全面的に協力したのか?

← ロシアが日本を上回る大国であり、この戦争に国家の存亡がかかっていたから

ロシアという国家は、日本の約60倍以上の国土を有し、当時は人口も約2・5倍であった。そのうえ陸軍大国として知られ、200万人以上の兵を有していたうえ、海軍力も強大で、日本軍の装備と比較して圧倒的に優勢な立場にあった。

なぜ日本はそんな大国に戦いを挑み、また国民は戦争を支持したのだろうか?

それは当時のロシアが、日本の存亡の危機を感じさせるほどに脅威だったからだ。

詳しくは後述するが、ロシアは日清戦争後の短期間で**満州**(現・中国東北部)を占領し、さらに朝鮮半島へと南に影響力を広げていた。その延長線上に日本列島があっ

た。すでに幕末から日本国内では、ロシアによる日本侵略を警戒する見方が強く、「ここで負けたらロシアの植民地にされる」という危機感が長く続いていた。

それゆえ、日本国民は日露戦争が始まると全面的に国家を支援し、多大なる人的・物的貢献をしたのだ。

本項では、そのあたりの経緯を詳しく見ていきたい。

前述した通り、ロシアは圧倒的な大国だった。だから日本としては、日露で戦争がはじまったら、緒戦で徹底的に相手を叩きのめし、戦意を失わせて短期で決着をつけようと考えていた。

そんな緊張感の中、1904年2月3日、旅順に停泊していたロシアの太平洋艦隊の行方がわからなくなったのだ。

当時のロシア海軍は、旅順（遼東半島の軍港）を拠点とする太平洋艦隊とヨーロッパに配備されたバルチック艦隊とに二分されていた。そのうち極東側の太平洋艦隊の消息が途絶えてしまったのだ。

焦りを覚えた日本の軍と政府の首脳部は、翌日、臨時の御前会議を開き、明治天皇は開戦を決定した。そして2月6日にロシアに対して国交断絶を告げる文書を手交し、「対露宣戦大詔」を下した。

詔勅ではロシアと戦うことを高らかに宣言し、文武官に最大限の努力を求めるとともに、ロシアが日本にいかに不誠実な態度を取り続けたかを非難し、ロシアの満州占有と朝鮮進出がどれほど極東の平和を危うくするかを語り、「帝国（日本）ガ平和ノ（外交）交渉ニヨリテ、求メントシタル将来ノ保障ハ、今日、之ヲ旗鼓（戦争）ノ間ニ求ムルノ外ナシ、朕ハ汝有衆（国民）ノ忠実勇武ナルニ倚頼シ速ニ平和ヲ永遠ニ克復シ、以テ帝国ノ光栄ヲ保全センコトヲ期ス」と、もはや戦争でしか日本の安全を保つ方法はなく、国民の忠勇に期待すると激励の言葉で結んだ。

そしてこの日、日本海軍の連合艦隊は長崎・佐世保から出航していった。うち一部が陸軍の兵を乗せて朝鮮半島の仁川へ向かい、兵士たちは上陸を敢行した。

一方主力は、ロシアの太平洋艦隊のいる旅順を目指した。そして、旅順港内へ入り込んで油断する敵艦に奇襲攻撃をかけた。だが夜だったこともあり、相手に与えた損害の程度はさして大きくなかった。

しかも以後、太平洋艦隊は湾内に籠もって出て来なくなってしまった。旅順港をとりまくロシアの防衛線は鉄壁であり、到底、日本の艦船は近づくことができなかった。

そこで海軍は、ロシアの太平洋艦隊を港内に封じ込めるため、船を沈没させて港の出入り口を塞ぐ作戦を実施したが、三回とも失敗してしまった。

このため仕方なく海軍は、陸軍に対して応援を要請したのである。

そこで陸軍は、乃木希典《まれすけ》率いる第3軍を新たに編制、旅順港を背後から攻撃してこれを占領させ、太平洋艦隊を武装解除させようとした。しかし、旅順はすでに要塞化しており、第3軍は莫大な犠牲を出しながらも、なかなか同地を占拠することができなかった。

一方、日本陸軍の第1軍と第2軍は朝鮮半島を北上し、鴨緑江、南山、得利寺などで激戦を演じながら北進を続けていった。8月末からは、日露両軍の主力が初めて大規模な衝突をした（遼陽会戦）。陸軍は遼陽でロシア軍に大打撃を与えて戦争を終結させようと考えていたのだが、戦いにはどうにか勝利したものの日本側の損害は大きく、ロシア軍にあっさりと逃げられてしまった。

1905年正月、ようやく乃木率いる第3軍は旅順を攻略し、第1軍、第2軍、第4軍に合流、こうして3月、陸軍は総力を結集してロシア軍の拠点である奉天へ攻めかかった。**奉天会戦**は、日露両軍あわせて57万人が参加する20世紀最大の戦いとなった。戦いには日本軍が勝利したものの、もはや逃げるロシア軍を追う力は残っていなかった。

日本はすでに戦力が尽きていたのだ。

別項で述べるように国民は10年近くにわたって**「臥薪嘗胆」**を合言葉にロシアとの戦いに備えて軍拡に協力しており、増税にも耐えてきた。そして実際に戦争がはじまると、増税だけでもさらに3億2000万円が徴収された。そのうえ国民は、戦争に協力するため国債を買った。それが約6億円。また、郵便貯金をして国に協力した。

それでも、戦費は足りなかった。

日露戦争にかかった費用は17億円（国家予算の6倍以上）にのぼり、日本国民の力だけでは賄いきれるものではなかった。そのため時の日銀副総裁・**高橋是清**が欧米をまわり、イギリスやアメリカから7億円もの公債を買ってもらったのだ。

このように、当時の日本にとって日露戦争とは、国内外問わず使えるものをすべて使った、まさに総力戦だった。

繰り返しになるが、なぜそこまでして戦争をし勝とうとしたのかといえば、「負けたら、ロシアの力は朝鮮半島からついに日本列島に達し、日本はロシアの植民地になってしまう」という国民全体が持つ危機感からだ。国の存亡がかかっていたわけで、だから国民は必死になって日露戦争に協力したのである。

では、日本国民も政府も最初から足並みそろえて戦争に向かっていたのかといえば、そうではない。特に日露の国力の差を知る政府首脳は、非戦論が強かった。それが最終的に主戦論に転じたのには訳がある。次項ではそのあたりを探っていこう。

なぜ日本政府は、大国・ロシアとの戦争を決意したのだろう?

❸ なぜ日本政府は大国であるロシアと日露戦争を始めてしまったのか？

← 日英同盟を結んだことで、国内世論が急速に主戦論に傾いていったから

大英帝国イギリスは〝栄光ある孤立〟と称し、他国と同盟しない方針を貫いてきた。それが1902年1月、極東の小さな島国である日本と同盟を結んだことで、日本国内の世論に変化がおこった。急速にロシアに対する主戦論が高まったのである。

これに拍車をかけたのが、東京帝国大学教授の戸水寛人《ひろんど》ら7人の学者だった。翌1903年6月、彼らは桂太郎首相などに意見書を送り、内閣の軟弱外交を非難し、「漫《みだ》りに開戦を主張するものにあらず」としながらも、このままでいたら日本の朝鮮半島における利権は失われてしまうと主張した。

ここに至るまで、日本とロシアは、朝鮮半島をめぐり激しい外交上のやり取りを続けていた。1894年に勃発した日清戦争に勝利した日本は、清国に朝鮮の独立を認めさせ半島を影響下に置こうとした。ところが、その行く手を阻んだのがロシアだった。ロシアも日本と同様に朝鮮半島への進出を狙っており、日清戦争後のロシアは急速に極東に勢力を広げていった（詳しくは次項で解説）。

そんな中、博士らの意見書が新聞に掲載されると、世論は大いに主戦で盛り上がった。これを機に、ほとんどの新聞が主戦論に転換し、さらに国民をあおった。

社会主義の立場から**幸徳秋水**が、キリスト教の人道主義の立場から**新渡戸稲造**が日露開戦に強く反対したものの、その声は国民に届かなかった。

この頃になると、陸軍参謀本部（作戦計画の立案等をおこなう部署）も、「ロシアが極東に兵力を集中できていない段階で、早期に戦端を開くべきだ」と考えるようになった。さらに1903年8月、ロシアが朝鮮北部に軍事基地をつくりはじめたことがわかると、もはや国民の主戦論は抑えきれなくなった。

政府は最悪の場合、「軍事衝突もやむなし」と決めたが、世論が主戦論に熱狂した段階でもまだ、政府内では非戦論が優勢だった。戦ってもロシアに勝てる展望が見えなかったからだ。日本政府はさらなる外交的努力をつづけた。

朝鮮をめぐる日露交渉は小村寿太郎外相とロシアのローゼン駐日公使との間でおこなわれ、1903年10月、ロシアは「韓国（朝鮮）は自国の利益範囲外にある」と認め、満州と朝鮮の国境付近を中立地帯とする案がまとまった。しかし、この案をロシア政府は無視し、同年12月「日本の朝鮮における軍事的支配は認めない。北緯39度以北を中立地帯とせよ」などと求め、まったく折れる気配を見せようとしなかった。

このため日本政府もついに開戦準備をはじめたものの、戦費の面でまったく戦争のメドが立たず、一縷の望みをかけて日露交渉は続けることにした。

翌1904年1月、ロシアは日本の韓国における指導権を容認したものの、「中立地帯の設定」、「韓国領をロシアが軍事使用しない」ということについては拒絶した。

このため1月30日の政府首脳会議では、戦争に否定的だった伊藤博文も「戦争やむなし」と明言、2月1日には大山巌陸軍参謀総長も明治天皇のもとに出むいて、開戦は不可避だと奏上した。けれど、明治天皇はまだためらっていた。

開戦を決める御前会議が開かれる朝、明治天皇は信頼する伊藤博文を招き、その意見を徴した。非戦派だった伊藤だが、このときは開戦不可避をはっきり主張した。そこで天皇は仕方なく会議で開戦を決定した。だが、居室に戻ってきた天皇は「今回の戦争は私の意志ではない。けれど、ここに至ってしまっては、どうすることもできない。もし戦争に敗れるようなことがあれば、私は何と祖先にお詫びし、国民に対することができようか」と述べて涙を流したという。

こうして、政府内では最後まで戦争回避の動きがあったのだが、ロシアの対応と主戦を叫ぶ世論の声に押されるかたちで、日本は戦争に突入してしまったのだ。

このように、七博士の意見書などをきっかけに新聞・雑誌が主戦を煽り、国民も主戦論に傾いていったわけだが、もう一つの原因に日英同盟の締結がある。

なぜ、このタイミングで日本はイギリスと同盟を結んだのだろうか?

❹ なぜ日本はイギリスと同盟を結ぼうとしたのか？

← ロシアが中国分割で満州を占拠し、朝鮮にも大きな影響を持つようになったから

日英同盟（1902年）から遡ること7年前——1895年、**日清戦争**に勝った日本は、清国に朝鮮を独立国と認めさせ、いよいよ同国に影響力を行使しようとした。

ところが、かつて朝鮮で政権をにぎっていた閔氏一派（王妃閔妃の勢力）が1895年7月に政変をおこし、大院君ら開化派（親日派）を追放して政権をうばい、ロシアに急接近したのである。日本公使の**三浦梧楼**《ごろう》はこの状況を危惧し、日本守備隊を朝鮮王宮へ侵入させたうえ、閔妃を惨殺した（**閔妃殺害事件**）。なんとも強引なやり方だ。

すると、朝鮮国王の**高宗**は、隙を見てロシア公使館に避難し、そこで政治をとりは

じめてしまう。こうしてにわかに親露政権が誕生してしまったのである。そのうえ、閔妃を殺したことで、日本は朝鮮国民の怒りと反発を買うことになった。

日本政府は三浦ら事件関係者を処罰し、翌1896年、朝鮮問題でこれ以上ロシアとこじれぬよう、元首相の山県有朋がロシア外相のロバノフと協定（山県・ロバノフ協定）を結んだ。日露両国は、朝鮮の国家としての独立を保証するというものだ。日本はこの協定で、ロシアが朝鮮の内政に干渉するのを防ごうとしたのである。

翌1897年、朝鮮は国名を大韓帝国（韓国）と改めたが、大日本帝国に対抗する意味合いもあったという。この年、外務大臣の西徳二郎は駐日ロシア公使ローゼンと協定を結び（西・ローゼン協定）、互いに朝鮮の内政に干渉しないと約束しあった。というのは、ロシアが朝鮮政府に顧問を送り込んで財政を握ろうとしたからである。

だが、その後もロシアの朝鮮への影響力は増すばかりであった。

さらに衝撃的だったのは、1898年にロシアが南満州の遼東半島内の旅順・大連港を、清国から25年契約で租借したことである。

日清戦争に勝った日本は、講和条約で清国に遼東半島を割譲させたが、ロシアがフランスとドイツを誘って半島を返還するよう日本に圧力を加えてきたので**（三国干**

渉）、泣く泣く半島を清国へ返還した。それをロシアは横取りしたというわけだ。

さらに日本にとって悪いことは続く。1900年になると、遼東半島のみならず、広大な満州全域（中国東北部）にロシア軍が常駐するようになったのだ。

後述するが、日清戦争後、清朝は列強諸国の半植民地のようになってしまった。当然、清国の人々は強い憤りを感じており、そうしたなか「**扶清滅洋**（清国を扶けて、西洋諸国や日本を滅ぼせ）」を掲げた**義和団**（新興宗教集団）が蜂起した。すると、民衆も加わって反乱軍は山東省を制圧し、同年、首都の北京に乱入して欧米列国の公使館を包囲する事態になった。このとき清国は、この乱を鎮圧するどころか、乱に呼応して列国に宣戦布告したのである。

そこで列国は、日本やロシアをはじめ、イギリス・フランスなど8カ国が連合軍を組織して北京の義和団をやぶり、清国を降伏させた。これを**北清事変**と呼ぶ。

翌1901年、日本など列強は清国と北京議定書を結んで、清国に多額の賠償金を支払わせ、北京における軍隊の駐留を認めさせた。これにより北清事変は終結する。

だがその後も、ロシア軍は満州（現・中国東北部）に駐屯し続け、事実上、占領をしてしまったのである。やがてロシアは、清国に迫って、満州におけるロシアの独占的権益を認めさせたのだ。

このようにロシアは、日清戦争後わずか数年で、満州そして朝鮮半島へと一気に勢力を広げていった。こうした南下政策は、清国に既得権益を持つイギリスにとっても脅威であった。そこで締結されたのが**日英同盟**なのである。ロシアの東アジア進出が日英両国を近づけたのだ。

この時の日本、イギリス、ロシアに共通しているのが、「清国内での自国の利権を確保したい」という思惑だった。その他、フランス、ドイツなども同時期、清国内での利権争いに絡んでいた。

では、なぜこの時期、列強各国は清国内での勢力争いに注力したのだろうか？

❺ なぜ列強諸国による中国分割が急に進んだのか？

←日本が日清戦争で圧勝し、清朝の弱さが露呈してしまったから

眠れる獅子と称されたアジアの大国である清朝が、なぜ列強諸国に国内諸地域の支配を許し、半植民地のようになってしまったのか？

一言でいえば、獅子ではなかったことがバレたからだ。

1894年に始まった日清戦争で、清は予想に反して極東の島国・日本に大敗した。これにより、清の弱さが白日のもとにさらされ、あっという間に清国は列強の利権争いの場と化してしまったのである。

以下、どのようにして列強各国が侵略を進めたのか、日清戦争終結直後からその経

緯を見ていこう。

1895年、日本は戦争で清国に大勝し、山口県下関で日清の講和交渉がおこなわれた。日本の全権は伊藤博文（首相）と陸奥宗光（外相）、清国の全権は李鴻章。そして同年4月、日清講和条約**（下関条約）**が結ばれた。その内容は次のとおりである。

1 清国は、朝鮮の独立を認める。
2 清国は日本に、遼東半島・台湾・澎湖諸島をゆずる。
3 清国は日本に、2億両《テール》の賠償金をはらう。
4 清国は日本に、新たに沙市・重慶・蘇州・杭州の4港をひらく。

2億両は、当時の日本円にして約3億1000万円。日本の国家歳入（収入）が約1億円弱だったので、なんとその3倍にあたる。日清戦争で日本は2億円支出したが、それをしのぐ賠償金を獲得したわけだ。そのうえ台湾や遼東半島をもらい、海外にはじめて植民地を手にした。しかも朝鮮半島から清国の影響力を排除するという戦争目的も達成できた。だから国民も条約の内容に満足した。

ところが条約の調印直後、背後から冷や水をあびせかけられたのである。同年同月のうちに、ロシアがフランスとドイツを誘って、遼東半島を清国に返すよう通告してきたのだ（**三国干渉**）。

この時期、列強各国は帝国主義国家として東アジアでの覇権を競っていた。なかでも南下政策をとるロシアは、満州に高い関心を持っており、遼東半島（南満州の一部）を下関条約で日本が手にすると、国策に支障を来すため口出ししてきたのだ。

残念ながら当時の日本が三国と争って勝てる見込みはない。そこで仕方なく、3000万両（4600万円）と引き替えに清国に半島を返還したのである。これ以後、日本政府と国民はロシアを仮想敵国として「臥薪嘗胆」を合言葉に軍備拡張に邁進することになった。日清戦争で得た賠償金の8割以上は軍備に投入された。


――日清戦争後の清国は、悲惨な状況となった。

すでに半世紀以上前からアヘン戦争やアロー号事件でイギリスやフランスが清国に進出していたものの、本気で清国が立ち向かってきたら、さすがに叶わないと考えていた。そんなことから、清国は眠れる獅子と呼ばれていたのだ。ところが眠れる猫であることが日清戦争で露呈し、欧米列強は、清国の領土を租借（借りる）するという名目で各地を植民地のようにしていった。

まさに中国大陸は、列強諸国の草刈り場になってしまったのだ。たとえばドイツは山東半島の膠州湾を租借した。ロシアは遼東半島の旅順・大連湾を、イギリスは九竜半島・威海衛、フランスは広州湾を租借した。

このころ急速に力を伸ばしてきたアメリカも、列強の中国分割を目にして方針を変えた。1823年、アメリカ大統領モンローは「ヨーロッパ諸国のやることに一切かかわらないから、アメリカに干渉しないでほしい」と宣言（モンロー宣言）した。以後、不干渉・孤立主義の立場をつらぬいてきたが、1899年、国務長官ジョン・ヘイは、ヨーロッパ諸国と日本に対し、「あなたがたの勢力内でも等しく門戸を開き、アメリカの通商の自由を保証してほしい」という門戸開放・機会均等を求める通告書をおくったのである。

その前年、アメリカはハワイ諸島を併合し、ついでフィリピン群島を領有したが、この間、中国分割には乗り遅れてしまったのである。それゆえ、こうした書を送って、アメリカも中国市場にも進出しようとしたのだ。
ちなみに日本も、植民地の台湾を拠点にして、対岸の福建省へ勢力を広げていき、欧米列強と同じように**中国分割**に参加していった。

このようにみると、日清戦争が中国大陸のパワーバランスを大きく変えてしまったことが理解できるだろう。

ではなぜ、日本は、日清戦争で清国（中国）に圧勝することができたのだろう？

❻ なぜ日本は、日清戦争で清国に圧勝することができたのか？

←近代的兵制や立憲体制が確立され、産業革命を経て経済力もついていたから

そもそも、日清戦争の原因は、ロシアに対する日本の警戒心にあった。

ロシアは不凍港を求めて領土を南へと拡大し続けていた。日本も幕末に対馬を占拠されたり、樺太（サハリン）の領有を放棄せざるを得なくなったことで、ロシアが日本の侵略をたくらんでいるのではないかと危惧してきた。

そこで日本は明治になると朝鮮を開国させ、朝鮮半島に影響力を行使しロシアの南下を食い止めようとした。だが、長い間、朝鮮の宗主国であった清国はこれに反発、朝鮮への影響力を一層強めた。結局、朝鮮における2回のクーデター事件（壬午軍乱、

甲申事変）を経て日本の勢力は朝鮮から駆逐されてしまう。

しかし以後、日本軍は軍拡や兵制の近代化によって軍事力を強化し、およそ10年後の1894年、朝鮮で**甲午農民戦争（東学党の乱）**が起こると、邦人を保護するという名目で半島に兵を入れたのである。

同じく清国軍も半島に進駐。朝鮮半島上で日清両軍がにらみ合う状況となった。当時、日本政府や陸海軍には「まだ清国軍のほうが戦力が上で、互角に戦うのは難しい」という危惧もあった。だが、日本国内では伊藤博文内閣が内閣不信任案を出され、瓦解の危機に陥っていた。仮にここで戦争となれば、国内で権力争いをしている場合ではなくなる。そう考えた外相の陸奥宗光は、国内政治の行き詰まりを打破するため強引に**日清戦争**を勃発させたのである。

ここで当時の日本国内の政治に少し触れておこう。すでに1889年、**大日本帝国憲法**が制定され、翌年から議会が開かれていた。日本に立憲体制が確立したわけだ。が、当時は議院内閣制ではなく、衆議院では薩長藩閥政府に反対する民党（民権派政党の総称）が多数を占めており、毎回予算などをめぐって内閣と議会で激しい攻防がくり広げられてきた。1894年もまさにそうだった。ただ戦争が始まると、陸奥が予測したように民党をはじめ議員たちは全会一致で戦争のための臨時予算を認め、以後、政府に協力するようになった。そういった議会の協力もあり、日清戦争は日本軍の連戦連勝で進んでいき、翌年、講和条約が結ばれて終結する。

日本が日清戦争に勝利できたのは、清国に比べ近代的な兵制が整っていたこと、国民や議会が全面的に戦争に協力したことが要因として挙げられよう。

くわえて、日本が対外戦争に堪えうるだけの経済力を備えていたことも大きい。じつは日清戦争前（1880年代後半）、日本では**産業革命**が起こっていたのである。とくに紡績業や製糸業など軽工業分野で、日本は飛躍的に力をつけていった。

紡績とは、綿花から繊維を引き出し、縒りをかけて綿糸をつくる産業だ。

日本では、幕末にイギリスなどから安価な綿織物が大量に国内に入ってきたため、国内の綿織物業や紡績業は衰退してしまう。しかし1883年、渋沢栄一らが大阪紡績会社を設立、最新のイギリス製のミュール紡績機をたくさん導入し、蒸気機関による大規模な機械生産を展開した。しかも従業員は昼夜2交代制で、24時間紡績機を動かしっぱなしだったので、毎日大量の綿糸生産に成功した。さらに、没落した農民の子女（工女）を安い賃金（給料）で長時間労働させたので、驚くべき安価で製品（綿糸）を提供でき、国内のみならず海外でもよく売れた。

この成功を見て、国内に続々と大規模な紡績工場が生まれ、１８９０年には国内で生産した綿糸は輸入した綿糸の量を超え、１８９７年には綿糸の輸出量は輸入量を超えた。

製糸業（蚕から生糸を製造する産業）は、生糸が幕末から輸出品の中心だったが、同じく安い賃金で工女を雇って長時間働かせ、さらに輸出量を伸ばしていった。そして１９０９年には、なんと清国を抜いて日本は世界一の生糸輸出国になったのである。

このように、近代的な兵力、国内の挙国一致体制に加え、産業革命が生んだ経済力があったからこそ、日本は日清戦争に勝てたのだ。

ではなぜ、この時期に日本で産業革命がおこったのだろう？

❼ なぜ日本で産業革命がおきたのか？
←松方デフレによって民権運動が激化し、農村で階層分化がおこったから

日清戦争前に日本で産業革命がおこったのは、大蔵卿の**松方正義**が1881年から始めたデフレーション政策（**松方デフレ**）がきっかけだった。

本項では、松方の経済政策がどのようにして日本の産業革命の素地を作りだしたのかを解説したい。同時期に盛り上がりを見せた自由民権運動も絡んでおり、結果的に自由民権運動は衰退していくのだが、そのあたりの事情も併せて見ていこう。

明治政府は、戊辰戦争や西南戦争の戦費を不換紙幣（金銀など正貨との交換を保証し

ない紙幣）の増発でおぎなってきた。その結果、大量の不換紙幣が巷にあふれ、貨幣（円）の価値は大きく下がり、物価が上昇した。いわゆるインフレーションとなったのだ。政府の収入の大半は地租（土地からの税）が占めていたが、地租は金納だから貨幣の価値が下がると、実質的に政府の収入は減ってしまう。

そこで１８８１年、大蔵卿になった薩摩出身の松方正義は、酒造税や煙草税などの増税や新税導入によって身入りを増やし、徹底的な経費節減を断行して支出をおさえた。こうして政府に集まってきた紙幣を思い切って消却したのだ。結果、市場に流通する貨幣の量は激減し、貨幣の価値は上がり政府の財政は好転した。これをデフレーション政策（松方デフレ）と呼ぶ。

当然、この政策で諸物価は下がり、米価や繭価など農作物の価格も暴落し、農民はその所得が激減してしまう。このため地租が支払えなくなった多くの農民が、土地を担保に高利貸から金を借りた。しかし、雪だるま式にふくらんだ借金の利子を返済できず、土地を手放したり破産する者が続出したのである。こうして転落した人びとは、集団で高利貸や役所に対して借金の減免を求めるようになった。

ところで、松方が大蔵卿となった１８８１年、**板垣退助**を総理とする自由党がつくられ、翌年には**大隈重信**をリーダーとする立憲改進党が誕生する。このように、言論の自由や政治参加の権利を求める自由民権運動が盛り上がりつつあった。

そこで政府は民権運動を弾圧する集会条例を改正し、政党の支部設置を禁止するなど弾圧を強めた。いっぽうで伊藤博文ら政府高官は、自由党の指導者である板垣退助や後藤象二郎に巧みに説いて洋行させたのだ。費用は三井などの政商（政府の保護を受けた商人）から拠出させた。これにより、自由党の結束が一気に弱くなった。

松方デフレで農民は没落し生活は圧迫されていく。民権運動家も政府に弾圧されていく。この両者が、不安定な社会を背景に結びつくことになる。

政府の弾圧を受けた民権家（主に自由党員）から、政府高官の暗殺やテロをたくらむ過激な連中が現れ、１８８３年には新潟県高田地方の自由党員らが政府高官の暗殺をくわだてたとして逮捕（高田事件）された。翌１８８４年５月には自由党員が農民をひきいて妙義山麓で政府打倒に立ちあがり一斉に逮捕され（群馬事件）、９月には茨城・福島・栃木県の自由党員らが栃木県令三島通庸《みちつね》の暗殺を計画し、茨城県加波山で蜂起して鎮圧された（加波山事件）。

こうした過激な自由党員たちは「自由党に入れば借金は帳消しになる。自由党が政府を打倒すれば平等な世がくる」などと言って、貧農を暗殺やテロや蜂起に誘うようになった。こうした幻想の広まりが、政府を揺るがす大規模な事件に発展した。それが**秩父事件**だ。

松方デフレによって土地や財産をうしなった秩父地方の人々は、借金の軽減や据置を求めて困民党・借金党をつくり、集団で高利貸や役所に押しかけ、利子減額の嘆願運動を展開した。そのリーダーになったのが博徒出身者を含む自由党員だった。

1884年10月、困民たちは武装蜂起し、高利貸しの屋敷や警察署を次々と破壊し、郡役所を占拠、秩父地方は困民党に制圧された。警察や憲兵隊ではこの騒動は鎮圧できず、ついに鎮台兵（政府の正規軍）が出動することになった。結果、困民たちは制圧されたが、この騒動で逮捕され有罪となった人々は3400人にも達した。いかにその規模が大きかったかがわかるだろう。

なお、秩父事件の直前、自由党は急進化する党員を制御できなくなり解党しており、立憲改進党も同年内に大隈重信らが脱党して休止状態となった。

国民的な運動に発展した自由民権運動だったが、松方デフレで生活苦に陥った農民が自由党急進派と結びついて武装蜂起したことで、衰退してしまったのである。民権運動をおさえるため、政府は弾圧や懐柔を繰り返したが、最も効果があったのは松方の経済政策だったわけだ。

一方で、松方デフレは新たな産業構造を生み出す素地を作った。

松方デフレにより農村の構造は一変。多くが没落する一方、没落農民から土地を安く買い叩き、彼らを小作として雇い、大地主（寄生地主）に成長する人びとが出てきた。

彼らの多くは株の売買をはじめたり、会社を興したりした。そのため株式取引が活発になり、続々と新しい会社が誕生、1886年～1889年までの3年間は会社の設立ブーム**（企業勃興）**が起こった。起業家たちは没落農民やその子女を安い賃金で雇い入れ、雇われた子女は低賃金労働者として産業革命を支える存在となった。

明治政府は1890年以後、日本銀行から普通銀行を通して、そうした会社に資金を援助させた。いよいよ日本の産業界は活性化し、産業革命の時を迎えるのである。

このように見ていくと、松方の財政政策が産業革命の素地を作り、自由民権運動を衰退させることとなったことがわかるだろう。

繰り返すが、時の政府は自由民権運動の広がりをかなり警戒しており、様々な条例などで弾圧を続けていたのだが、何より効果があったのがデフレ政策であった。

ではなぜ、時の政府は自由民権運動を強く弾圧したのだろう?

次項では、大正時代に開花した護憲運動にも通底する、明治期の国民による権力への抵抗を見ていこう。

❽政府はなぜ自由民権運動を強く弾圧するようになったのか？

←政府内からも同調者が出るなど、国民的運動に発展したから

前章（第4章）で詳しく解説した大正時代の護憲運動と、本項で解説する自由民権運動は、権力に対する政治的運動という面では似ている。

大正期の護憲運動は、保守的な閥族内閣に対し民衆が「憲法のもとで国民の意思が反映できる政党政治を実現せよ」と求めたが、明治期の自由民権運動は藩閥政府に反発する元士族の動きから始まり、それが「憲法をつくり議会を開いて自分たちを政治に参加させろ」と求める豪農、さらに一般の農民へと広まっていった。

けれど明治期はまだ藩閥政治家の力が強く、自由民権運動はのちの護憲運動のよう

に「首相を辞任に追い込む」、つまり政権を倒すということはなかった。

それでも時の政府はこの運動を恐れた。政府樹立から続く藩閥を脅かすほど、民権運動が多くの国民に広まり、政府内でも理解を示す者が出てきたからだ。

本項では、自由民権運動の高まりと政府の内紛、その顛末について解説したい。

1880年3月、大阪で開かれた**愛国社**（自由民権結社の全国組織）第4回大会で、**国会期成同盟**を組織することが決まった。この組織は、**国会開設要求**を運動の中心とし、署名をあつめて政府の太政官や元老院に建白書や請願書を提出する活動を主とした。運動にかかわった人々は約25万人に達したとされ、自由民権運動が国民的な運動へと発展していることがわかる。

政府は請願書を受けとらなかったが、空前の運動の高まりと国民への浸透に危機感をいだき、同年4月、集会条例を発令した。これは「政治演説会や政治集会の開催、政治結社の結成は事前に警察署の許可を必要とし、警察が問題ありと判断した場合、許可しないこと。演説会には警察官が立ち会い、中止と解散を命じるケースもあること。軍人・警察官・教員・学生の集会参加は禁止する」というものであった。

民権運動隆盛のなか、政府内にも運動に理解を示す高官が現れた。肥前藩出身の参議・**大隈重信**である。大隈は1881年3月、左大臣の有栖川宮熾《たる》仁《ひと》親王に国会開設に関する意見書を提出したが、そこには「今年中に憲法を制定し、来年それを公布したあと国会をひらき、イギリス流の議会制民主主義を展開してゆくべきだ」と記されていた。

保守派の中心人物だった右大臣・**岩倉具視**は、その革新的な意見に警戒の念を抱いた。そんな岩倉に協力して大隈を失脚に追いこむのが長州出身の**伊藤博文**である。

1878年、政府の最大実力者・**大久保利通**はテロリストによって赤坂離宮のそばの紀尾井坂で暗殺され、その後継者と黙されたのが、大隈と伊藤だった。大隈は伊藤のように長州閥を背景にしていないが、薩摩閥と親密なうえ**福沢諭吉**の慶應義塾出身の開明的な官僚を配下にしていた。おそらく大隈は、民権運動の隆盛を利用して一気に政府の主導権を摑もうとしたのだろう。

しかし伊藤は、このころ問題化した**開拓使官有物払下げ事件**をたくみに利用して、大隈の追い落としに成功する。

この事件は、薩摩出身の北海道開拓使長官・**黒田清隆**が、開拓使の所有する官有物や経営する諸事業を、同郷の政商（政府と結びついた商人）五代友厚へ不当に安い値段で売りわたそうとしたことを、マスコミに激しくたたかれた事件だ。

民権家はこぞって黒田ら薩摩閥のやり方を非難したが、伊藤は黒田らに対し「この攻撃を裏で操っているのは大隈一派だ」と伝えたのである。これを信じた黒田ら薩摩閥は大隈に不信感をいだいて離れ、犬猿の仲であった長州閥の伊藤らと手をむすんだ。

こうして薩長閥が密かに結んでクーデターをもくろみ、1881年10月11日の御前会議（天皇が参加しての重要会議）で、「世論の政府攻撃に大隈がふかく関係している」として、大隈の参議の職をうばう（政府から追放）ことを決定したのだ。さらに薩長閥は、世間の批判をかわすため開拓使官有物の売りわたし中止を発表。同時に国会開設の勅諭を出して9年後に国会をひらく宣言をした（**国会開設の勅諭**）。

この薩長閥によるクーデターを**明治十四年の政変**と呼ぶ。これにより大隈派は去り、薩長専制体制が確立され、伊藤博文が政府の主導権をにぎることになった。

政府としては、このクーデターで政権内部の邪魔者を排除でき、また国民に対しても9年後の国会開設を約束したことで、事態は収束に向かうと考えた。

だが、民権運動の灯は消えるどころか、ますます盛り上がっていった。国会開設の勅諭の6日後、板垣退助を総理とする**自由党**（日本初の全国的政党）が誕生、さらに翌年、政府から追放された大隈を党首とする**立憲改進党**が創設された。

自由党はフランスの一院制を求める急進的な政党で、農村を地盤として豪農だけでなく一般農民にも党員を増やしていった。各地で演説会を開くたびに、多数の農民が参加し、民権思想は深く農村へ浸透していった。

いっぽう立憲改進党は知識人を中心に、演説会だけでなく新聞を媒体として都市部に広まっていった。

政府は引き続き、こうした自由民権運動の広まりを抑えるべく、集会条例を改正するなどして自由党と立憲改進党を強く弾圧していくのだが、結果的に大蔵卿・松方正義のデフレ政策が最も効いたというのは、前項で説明した通りである。

ではなぜ、日本に自由民権運動が起こり、広まっていったのだろうか？

本章の最後に、わが国における自由民権運動の成り立ちについて触れてみたい。

❾ なぜ自由民権運動は起こり、広まっていったのだろうか？

←武力では政府を倒せないことがわかり、それに変わるものを求めたから

新政府は明治元年（1868年）より隣国の朝鮮に国交の樹立を求めたが、朝鮮はこれを拒み続けた。このため1873年になると、武力を用いてでも朝鮮を開国させるべきだとする**征韓論**が高まり、参議（政府の閣僚）である**西郷隆盛**や**板垣退助**らも実力行使を考えはじめた。

とくに西郷は、みずから朝鮮への使者となって開国を求め、拒否された場合、朝鮮との戦争も止む得ないとした。一説によれば、わざと朝鮮人を怒らせて殺され、それを口実に戦争を起こす気だったともいう。

ここまで西郷が戦争にこだわったのには理由があった。じつはこの時期、新政府に藩をつぶされ特権を奪われた士族（元武士）の不満が高まり、反乱が起こりそうな状況にあったのだ。西郷は、そんな彼らの不満を対外戦争で逸らそうとしたのだとされる。

当時、**大久保利通**ら政府高官の約半数が、**岩倉使節団**として欧米を視察していたが、帰国して西郷らのもくろみ（征韓）を知ると、強く西郷の遣使案に反対した。大久保や岩倉らは、いまは日本の近代化に全力を注ぐべき時であり、もし戦争になれば列強諸国の干渉を受ける可能性もあると危惧したのである。

政府内での激しい抗争のすえ征韓派参議が敗れ、1873年10月、西郷らはいっせいに下野した（**明治六年の政変**）。翌1874年に板垣退助ら下野参議は、政府の左院に対して**民撰議院設立建白書**を提出した。それは、有司専制（大久保利通ら一部参議の専制政治）を批判し、国会の開設を求める内容だった。この建白書は新聞にも掲載されたので、大きな反響を呼んだ。

その後、板垣らは郷里の土佐に戻って士族のために政社（政治結社）をつくった。それが**立志社**である。立志社は士族を救済するとともに、政治学習をおこなう組織でもあった。この時期、同じような政社が各地に生まれた。そこで板垣らは、翌1875年、全国の政社を大阪に集めて**愛国社**という全国組織をつくり、政府に国会の開設を求めた。こうして始まった政治運動が、**自由民権運動**である。

一方で、言論ではなく武力で政府を倒そうとする動きもあった。

1874年に下野した参議・**江藤新平**は、佐賀県の不平士族のリーダーとなって反乱をおこした（**佐賀の乱**）。乱は鎮圧され、江藤も捕縛されて処刑されたが、1876年にも神風連の乱、秋月の乱、萩の乱と、立て続けに不平士族の乱が起こっている。

下野した**西郷隆盛**は、自由民権運動にも士族の乱にも加担せず、鹿児島に籠もって**私学校**という組織をつくって3万の同志を養っていた。私学校は、西郷一派の私的な組織なのに、運営費の一部は鹿児島県から支出されていた。鹿児島県令の大山綱良が西郷の良き理解者だったからである。さらに大山は、私学校生徒を県の役人や警察官に採用した。こうして鹿児島県は、私学校勢力が支配するようになり、政府の通達や命令をあまり聞かず、独立国のような状態になった。

この状況に対し、1876年の不平士族の乱を鎮圧して自信を深めた政府が、ついに動き出す。

翌1877年、私学校の生徒を挑発して暴発させたのである。このため仕方なく西郷も、私学校の生徒らをひきいて軍事行動をおこし、政府軍が駐留する熊本鎮台のある熊本城を攻めはじめる。こうして始まった**西南戦争**は、半年にわたる激闘となったが、最終的には政府軍が戦いを制し、西郷隆盛を自殺に追いこんで乱は鎮圧された。

強大な軍事力を有する西郷が新政府に敗れたことにより、武力で政府を倒すことは不可能だと世に知らしめることとなった。

しかし、これで士族の不満が消えたわけではなく、不満をもつ士族たちは言論で政府を攻撃する自由民権運動へ参入するようになるのである。

すでに西南戦争中、立志社の片岡健吉らは、国会の開設、地租の軽減などを求める建白書**（立志社建白）**を天皇に提出しようとしたが、政府は受け取りを拒否した。そこで1878年、全国の仲間に向けて「愛国社を再興し、団結しよう」と呼びかけた（愛国社は1875年の結成後まもなく、板垣退助の参議復帰を受けて自然消滅していた）。

こうして9月、12県13社の代表が集まり、大阪で**愛国社の再興**が決議され、その後、何度か全国大会をひらき、国会開設をとなえて自由民権運動は盛り上がっていく。その主力メンバーは不平士族であったが、次第に地方の豪農・豪商（経済的に豊かな農民・商人）へと移っていき、国民的な運動へと発展していくのである。

このように見ていくと、江戸の世が明治に変わった時、支配者という立場を奪われた士族の反発の声が様々な乱に繋がり、やがて農民をまきこんで自由民権運動に統合されていったと分かるだろう。

ではどのようにして明治の新政府は生まれ、なぜ士族の反乱が相次いだのだろうか？

次章では、江戸から明治に移り変わる、日本の変革の時を紐解いていこう。

テーマ史 25

大日本帝国憲法と立憲体制の確立

自由民権家の間で**私擬憲法**づくりが盛んになると、政府内では大隈重信が即時の憲法制定を求めた。伊藤博文は大隈を失脚させた後、みずから憲法調査のためにヨーロッパへ飛び、グナイスト（ベルリン大学の法学者）やシュタイン（ウィーン大学の法学者）から皇帝の権限の強いドイツ流の憲法理論を学んで帰国した。

そして**華族令**の制定や**内閣制度**の創設など、立憲体制の準備に力を注いだ後、1887年から井上毅が作成した憲法案をもとに伊東巳代治や金子堅太郎をまじえ、ドイツ人ロエスレルに助言をもらいながら討議し、5月に憲法草案が完成した。翌年、明治天皇臨席のもと**枢密院**で審議がおこなわれた。

枢密院とは、憲法審議のために設置された天皇の諮問機関だ。

そして1889年2月11日、明治天皇が国民に与えるというかたち（**欽定憲法**）で**大日本帝国憲法**（**明治憲法**）が発布されたのだ。

憲法では、天皇は万世一系で神聖な存在、国の元首で統治権を一手に握る者と規定され、官僚や武官（軍人）を任免、宣戦や講和、条約をむすぶ権限、さらに陸海軍の**統帥権**（指揮権）も握った。こうした強大な権限を**天皇大権**と呼ぶ。内閣の各国務大臣は議会ではなく、天皇に責任を負うと憲法に明記された。

国民は憲法発布を喜んだが、中には「絹布の法被」、つまり政府が国民に上等な絹服をくれると勘違いした人もいたという。ただ、民権家は憲法の内容に満足した。安寧秩序を妨げないとか、法律の範囲内という制限がついたものの、国民の信教、言論・出版・集会・結社の自由を認めたからである。

この前後には治罪法、刑法、刑事訴訟法などの国内の法整備も進んでいった。ただ、ボアソナードがつくった民法はフランス法の影響が大きく、日本の家族制度を破壊するといった反対論がおこって（民法典論争）、結局、商法とともに施行延期となり、その後、戸主権の強い内容に修正されて公布された。

地方制度については、内務卿の山県有朋が中心になり、ドイツ人のモッセの協力を得つつ、政府中央の統制力の強い**市制・町村制**（1888年）、**府県制・郡制**（1890年）が成立したのである。

テーマ史 26

選挙制度の確立と変遷

大日本帝国憲法の発布と同時に、衆議院議員選挙法が公布された。日本は衆議院と**貴族院**の二院制をとり、衆議院は選挙で議員を選ぶとしたものの、有権者（選挙人）は満25歳以上の男子で、直接国税（地租と所得税。のちに営業税が加わる）15円以上の納入者と決められた。結果、富裕層しか選挙権が与えられず、有権者は国民全体の1・1％（約45万人）に過ぎなかった。

1890年に第1回衆議院議員総選挙が実施されたが、なんと、**民党**（政府反対派政党）の立憲自由党と立憲改進党が過半数を制した（全300議席中171議席を獲得）。

衆議院と貴族院の権限は同等だったが、衆議院には**予算の先議権**があった。政府の出した予算は、まず衆議院で審議することになっていたのだ。つまり、衆議院が否決したら、その年の政府予算案は成立しないのだ。

実際、第1回帝国議会（第一議会）では、民党が予算案に大反対。仕方なく山県有朋首相は立憲自由党の土佐派を買収し、600万円の削減で予算案を通過させた。続く1891年の第二議会も民党は第1次松方正義内閣とはげしく対立、政府が出した法案をことごとく否決。そこで松方首相は議会を解散、翌年2月、初めての解散総選挙がおこなわれた。

松方内閣の内務大臣**品川弥二郎**は、警察や地方官僚を動員して徹底的な**選挙干渉**をおこない死者25名、負傷者388名が出た。なのに選挙の結果、民党の優位は動かなかった。このため品川内相は引責辞任し、松方内閣も第三議会後、総辞職した。その後、第六議会までは政府と民党の激しい対立が続いた。

さて、衆議院の選挙制度だが、第2次山県有朋内閣の1900年、直接国税は10円以上に引き下げられ、有権者は2倍の2・2%(約98万人)となった。さらに1919年、本文でも述べたように原敬内閣のとき3円以上となり有権者も全人口の5・5%(307万人)に増えた。その後、第1次加藤高明内閣は1925年に納税制限を撤廃、結果、約20・8%(1241万人)の国民に選挙権が与えられた。1945年の幣原喜重郎内閣のとき20歳以上の男女が有権者となったが、さらに2015年、その年齢は18歳に引き下げられた。

テーマ史 27

条約改正交渉

幕末、日本は列強諸国と不平等条約を結ばされた。このため明治政府は、治外法権の撤廃と関税自主権の回復のため、長年努力しなくてはならなかった。

1871年、岩倉使節団がアメリカとの条約改正交渉に失敗した後、1878年**寺島宗則**外務卿がアメリカと税権（関税自主権）の回復にしぼって交渉、1878年に新条約の調印にこぎつけた。ただ、この条約には他国も税権回復を認めるという付帯条件がついており、イギリスとドイツが反対し、うまくいかなかった。

そこで井上馨外務卿（のち外務大臣）は個別交渉をやめ、各国の代表を東京に集めて予備会議を開き、ある程度了承をとりつけてから本格的な交渉に入った。交渉を有利に進めるため、井上は鹿鳴館（壮大な迎賓館）をつくり、外国の賓客を招いて舞踏会を開くなど、日本の近代化をアピールした。

しかし、こうした**鹿鳴館外交**や欧化政策はひんしゅくを買い、井上が条約改正の代償として内地雑居（国内を外国人に開放）や外国人判事の任用を提示すると、政府内外から反発を受け、結局、井上は交渉を中止して大臣を辞職した。
続く**大隈重信**外相は国別の秘密交渉を進め、アメリカ・ドイツ・ロシアと新条約の調印にこぎつけた。ところが**大審院**（最高裁）に限り外国人判事の任用を認めるという代償案が、ロンドンタイムズにすっぱ抜かれ、激怒した玄洋社（国家主義団体）の社員に爆弾を投げつけられ負傷して辞職、交渉も頓挫した。
そこで**青木周蔵**外相は付帯条件をつけず、条約改正に一番難色を示していたイギリスと交渉した。当時イギリスは、ロシアの南下をくい止める役割を日本に期待していたので、交渉は順調にすすみ法権の撤廃は確実だった。ところが1891年、来日中のロシア皇太子ニコライが護衛の警察官津田三蔵に襲撃され負傷（**大津事件**）、その責任を負って青木は外相を辞任、イギリスとの交渉は中止となった。しかし**陸奥宗光**外相時代、駐英公使となった青木の努力により、1894年、ついに領事裁判権を廃した**日英通商航海条約**が調印された。
ただ、諸外国と完全な対等条約は、**小村寿太郎**外相が1911年に結んだ**日米通商航海条約**まで待たねばならなかった。こうして半世紀たってようやく、日本は欧米列強と対等の立場に立つことができたのである。

テーマ史 28

労働運動と社会主義

産業革命により労働者の数は急増した。未成年の女工は低賃金で長時間労働を強いられたが、それは男も同じだった。そこで労働者は団結して待遇改善や賃金アップを経営者に求めるようになる。1897年には高野房太郎や片山潜らが**労働組合期成会**をつくり、各職場で労働組合の結成をうながす活動を始めた。結果、職場でストライキがおこなわれるようになった。

労働運動の指導者の多くは、労働者中心の公正で平等な社会を目指す社会主義に傾倒しており、1901年には日本初の社会主義政党・**社会民主党**が創設された。同党は人類平等、軍備全廃、階級制度廃止、土地・資産の公有、普通選挙の実現などを目標にかかげた。だが、こうした運動の高まりに対し、政府は1900年、運動を弾圧する**治安警察法**を制定しており、社会民主党も同法により結成直後に解散を命じられた。

しかし日露戦争前、**幸徳秋水**・**堺利彦**らは**平民社**を設立して『平民新聞』を発行、戦争反対を声高に主張。戦後の1906年、**日本社会党**を創設した。

時の西園寺公望内閣は政友会（政党）が閣僚の大半を占め、社会主義には寛容であり、「憲法の許す範囲内において、社会主義の実現をめざす」とした日本社会党の結党を容認した。だが、翌年の日本社会党の第2回党大会において、労働者を団結させゼネラルストライキをしようという直接行動派が主導権を握った。大会の直前、足尾銅山の労働者約3000人が大ストライキを決行し、銅山側から要求を勝ち取ったことも大きく影響した。

このため西園寺内閣も同年、日本社会党を解散させた。そんな西園寺内閣は1908年、堺利彦、山川均、大杉栄、荒畑寒村ら直接行動派数名が路上で社会主義のシンボル赤旗を振り回して逮捕される**赤旗事件**がおこると、社会主義に対する取り締まりの甘さを攻撃され、総辞職を余儀なくされた。

続く第2次桂太郎内閣は社会主義者を根絶やしにするため、爆弾で天皇の暗殺を計画した事件を利用して全国規模で社会主義者を検挙し、幸徳秋水ら12名を処刑した（**大逆事件**）。その多くは無罪だったというが、これにより社会主義は衰退、**「冬の時代」**を迎えることになった。

テーマ史 29

韓国併合

明治政府は朝鮮に不平等条約をおしつけて開国させ、日清戦争に勝って清国に朝鮮を独立国と認めさせ、朝鮮を影響下に置こうとした。ところが朝鮮はロシアと結びついてしまい、それが日露戦争の一因となったことは本文で詳しく述べた。

日露戦争がはじまると、日本は韓国を支配下におこうと、1904年に**日韓議定書**および**第1次日韓協約**を結び、韓国に戦争協力をさせるとともに、日本政府が推薦する財政顧問と外交顧問を韓国政府内に入れることを認めさせた。

1905年のポーツマス（日露講和）条約では、ロシアに韓国に対する日本の指導・監督権を認めさせた。アメリカに対しても**桂・タフト協定**を結んでアメリカのフィリピンと日本の韓国支配を相互に認めあった。イギリスとも第2次日英同盟で日本の韓国支配を承認させた。

そのうえで同年、**第2次日韓協約**を韓国に押しつけ、外交権をうばって日本の保護国とした。これにより韓国の漢城（首都）には**統監府**が置かれ、初代統監の伊藤博文が同国の外交を一手にになうことになった。

こうした強引なやり方を危惧した韓国皇帝・高宗は、1907年にハーグで開催されていた第2回万国平和会議に密使をおくり、日本の暴挙を訴えようとした（**ハーグ密使事件**）。これに伊藤は激怒し、高宗を退位させ、**第3次日韓協約**を強要、韓国の内政権を剝奪した。さらに軍隊の解散も命じたが、韓国軍兵士の多くが以後、**義兵運動**（反日ゲリラ活動）に参加した。

日本国内では韓国を併合して植民地支配すべきだという声が高まった。その矢先の1909年、初代統監だった伊藤博文が韓国人の民族運動家・安重根にハルビン駅頭で射殺された。翌1910年、日本はついに韓国を併合した。

以後、日本は終戦まで35年間、韓国の植民地支配をおこなった。統治機関の**朝鮮総督府**は武断政治を展開したが、朝鮮で独立運動（**三・一独立運動**）が起こると多少緩和した。しかし太平洋戦争がはじまると、朝鮮に徴兵令をしくとともに、多数の朝鮮人を国内の炭坑などで重労働させたのである。

テーマ史 30

明治時代の教育

明治政府は、1871年に教育をになう**文部省**を設置し、翌年、最初の近代的学校教育法規である**学制**を公布した。この制度はフランスを参考にしたが、立身出世主義や功利主義を説く福沢諭吉の『学問のすゝめ』の影響も受けている。ただ、まもなく**学制反対一揆**がおこる。小学校の学費だけでなく、建設・維持費や教員給与も住民負担としたからである。当時、子どもは立派な働き手で、彼らを昼間に学校へ通学させるというのも反発の理由だった。

欧米に倣った教育をおこなうためには、これまでの寺子屋や私塾の教師では困難だったので、1872年から教員を養成する師範学校が設置された。

1879年、新たに**教育令**が制定された。アメリカの教育制度を見聞した文部大輔の田中不二麿が中心になった。画一的な学区制を廃し、小学校を町村単位で設置・運営させ、教育課程もかなり自由になった。だが、強制から急に放任へ転換したので教育界が混乱、翌年、教育令は大きく改正され、中央集権的な内容となり、小学校教育の国家統制が強化され、**修身**（道徳のような教科）を筆頭教科として重視した。唱歌など音楽教育も導入されるようになった。

１８８６年、初代文部大臣**森有礼**のもとで帝国大学令・師範学校令・中学校令・小学校令が公布されたが、これを総称して**学校令**と呼ぶ。ドイツの影響が強かったが、これにより学校体系が確立した。

１８９０年には教育ニ関スル勅語（**教育勅語**）が出され、学校における国民への忠君愛国思想の浸透がすすんだ。小学校の教科書は届出制から認可制、そして学校令で検定制となっていたが、１９０２年に教科書疑獄事件が起こると１９０３年から**国定教科書**制度となった。

小学校への就学率も高まり、明治後期には95％の子どもが通うようになった。

高等教育については、１８７７年に東京大学（のちの東京帝国大学）が創設され、私学でも慶應義塾や東京専門学校（のちの早稲田大学）、同志社英学校などが誕生・発展していった。ただ、高等教育機関の充実は大正時代になってからのことである。

テーマ史 31

明治時代の文化

明治時代の文学だが、まず江戸時代の戯作文学が流行、仮名垣魯文が『安愚楽鍋』を発表。1870年代には民権思想を鼓舞する政治小説が流行り、少し後、坪内逍遥が『小説神髄』で人間の内面を描く写実主義をかかげ、これに触発され二葉亭四迷が言文一致体で『浮雲』を著した。尾崎紅葉も硯友社を興し雑誌『我楽多文庫』を創刊した。

日清戦争前後には、感情を重視するロマン主義がはやり、北村透谷や樋口一葉が活躍。日露戦争前後は、フランスやロシアの影響で人間の醜悪な面を描きだす自然主義が流行。代表作家に島崎藤村、国木田独歩、田山花袋がいる。森鷗外と夏目漱石は自然主義に迎合せず、独自の世界を作り出して文豪となった。短歌では与謝野晶子、石川啄木、正岡子規。とくに子規は俳句の革新運動にも取り組んだ。

演劇は江戸時代の歌舞伎が人気だったが、明治初期には河竹黙阿弥が文明開化の風潮を取り入れ、1890年代には団菊左時代（9代目市川団十郎、5代目尾上菊五郎、初代市川左団次）が活躍する黄金時代が現出した。

新派劇（小説を劇化した現代劇）も流行、日露戦争後は坪内逍遙の文芸協会や小山内薫らの自由劇場などで西洋の翻訳劇が盛んに上演された。

美術分野では政府が工部美術学校を設立、外国人講師を招いて西洋美術を教授させた。1887年には東京美術学校が設立され、日本画中心の授業がおこなわれた。関係者にはフェノロサ、岡倉天心、狩野芳崖、橋本雅芳がいる。岡倉天心はのちに日本美術院という団体をつくり伝統美術の発展をはかった。

西洋画は一時衰退するが、1896年、東京美術学校に西洋画科が置かれ、明治美術会（西洋美術団体）も発足。1896年、フランス印象派の黒田清輝らが白馬会を創設した。文部省は、伝統美術と西洋美術の共栄共存をはかり、美術作品の発表の場として1907年に文展を開始した。彫刻分野では木彫を復活させた高村光雲の『老猿』、荻原守衛の『女』、朝倉文夫の『墓守』が優れている。

建築ではイギリス人コンドルが鹿鳴館、ニコライ堂を設計。その弟子の辰野金吾は日本銀行本店を、片山東熊は旧東宮御所（迎賓館赤坂離宮）を設計した。

第6章

新政府への反発

開国

❶ なぜ武力で新政府を倒そうとする士族の乱が続発したのか？

← 新政府が長年の制度や慣習を破壊して、徹底的な改革をしたから

前章の終わりで西南戦争に触れ、武力で新政府を倒せないと分かり、自由民権運動が広まったと解説した。つまり西南戦争以前は、武力で新政府に対抗しようとする動きがあったのだ。

明治政府は成立から数年のあいだに大規模な改革を次々とおこない、近代国家を目指して長年の制度や慣習を打ちこわしていくのだが、とくに江戸時代に統治者として君臨していた武士は、この改革で代々受け継いできた社会的地位や特権を奪われ、その不満から各地で反乱を起こすようになる。

本章では、開国に至る経緯から、明治政府が数年でおこなった大規模改革の内容、その後に起こった士族（元武士）の反乱について逆から紐解いていく。とくに武士という特権階級の断末魔ともいえる、江戸から明治への移り変わりの時を詳しく見ていこう。

まずは、明治政府樹立（1867年12月）から約5年後、いつ爆発してもおかしくないほど士族の不満が膨らんだところから本項を始めたい。

＊＊＊

1873年、政府の参議・**西郷隆盛**は、自ら使節となって、鎖国している朝鮮を強引に開国させようと動き出した。場合によっては、激した朝鮮の人びとに殺されてもかまわないと思っていた。そうなれば、朝鮮との戦争の口実がつくれるからである。

武力に訴えても朝鮮を開国させるという考え方を**征韓論**と呼ぶ。

だが、岩倉使節団で長期間欧米を視察してきた**大久保利通**や**岩倉具視**は、西郷の征韓論に大反対だった。そんなことをすれば列強諸国の干渉を受けるかもしれないし、いま日本がやるべきことは**殖産興業**政策によって日本を近代化させることだと信じていたからだ。戦争など、もってのほかである。

こうして政府高官のあいだで征韓論をめぐって激しい抗争が起こり、最終的に西郷や板垣退助、江藤新平など征韓派参議が政府を下野することになった（**明治六年の政変**）。

それにしてもなぜ征韓派参議たちは、日朝戦争を勃発させようとしたのか――。

それは、不平士族たちを朝鮮との戦争に動員し、彼らの不満を解消させようと考えていたからだといわれる。この時期、四民平等政策により庶民も苗字を名乗れるようになり、その身分も士族と対等とされた。しかも士族は、藩を潰されたうえ禄（給与）も削られてしまった。そんなことから、いつ反乱が起きてもおかしくない状況があったのだ。

さらに政府は、できるだけ短期間で近代国家へ転身するべく、税制改革（**地租改正**）、教育改革（**学制発布**による小学校の設置）、兵制改革（**徴兵令**による国民皆兵政策）など、これまでの仕組みを根本的に変える大改革を次々と打ち出すようになっていた。

このため庶民のあいだでは、地租改正反対一揆、学制反対一揆、血税騒動（徴兵令に反対する一揆）などが続発するようになっており、これにくわえて不平士族の乱がおこったら、政府が崩壊しかねないと西郷たちは危惧したのである。

その危惧は征韓論争の翌年、現実となった。

1874年、**江藤新平**を首領とする**佐賀の乱**が起こり、3000人以上の士族たちが蜂起したのである。なんと江藤は、征韓論に敗れて下野した参議の1人だった。政府にいたときには司法卿として近代的な法制度を整えたのだが、佐賀に戻ると不平士族に擁立されてそのリーダーになってしまう。そういった意味では、ミイラ取りがミイラになってしまったわけだ。

しかし、佐賀県の不平士族たちは政府軍に敗れ、江藤も捕縛されて処刑された。

一方、征韓派参議の**板垣退助**は、土佐に戻って政治結社である**立志社**をつくり、大久保利通ら政府の参議たちの専制を強く非難し、国会の開設を求める自由民権運動を開始した。そして、翌1875年には全国の民権結社の代表を大阪に集め、**愛国社**を立ち上げた。

対して政府は、**新聞紙条例**や**讒謗律**を発布して民権運動を弾圧するとともに、板垣退助と同じく政府を下野した**木戸孝允**（長州閥のリーダー）と会見をおこなった。この2人を政府に戻し、不平士族たちをおさえようと考えたのである。**大阪会議**の結果、今後政府は次第に立憲国家に移行するという約束のもと、2人は政府に復帰した。

ちなみに政府は、藩を失った士族たちの禄（給与）をすべて肩代わりしていた。その額は国家予算の4割を占めた。もちろんこんな状況を長く続けるわけにはいかないので、自主的に禄を放棄してくれたら、起業するための資金となる公債（秩禄公債）を与え、数年後から金銭と交換するという秩禄奉還の法を出した。だが、官吏になった士族以外、これに応じる者はいなかった。そこでついに1876年、**秩禄処分**といって金禄公債証書（禄の3年分程度の公債）を与え、禄を全廃したのである。

かつて、志士だった新政府の高官たちは攘夷を叫んでいた。なのに外国人を追い払うどころか、今はそのマネをしている。そんな薩長藩閥政府を、不平士族の多くは憎悪していた。それに加えて秩禄処分が断行されたことで、ついに1876年、熊本の不平士族の組織・敬神党が挙兵し、熊本鎮台（政府の正規軍）の司令官である種田政明と熊本県令（現在の県知事）安岡良亮らを殺害したのである。これに呼応するかたちで福岡県の秋月や山口県の萩でも不平士族の反乱が起こった。しかし、3つとも政府軍によって鎮圧されてしまった。

鹿児島に戻って勢力を培っていた西郷隆盛は、これらの乱に与《くみ》しなかったが、翌年、ついに挙兵。それが不平士族最大の反乱である**西南戦争**に発展していくのである。

このように明治初年から数年間は、新政府と旧勢力との武力衝突が各地で起こった。士族からすれば、明治政府のやり方はかなり強引で、到底許せるものではなかったのだろう。

ではなぜ、新政府はそのような全国的な大改革を、一斉に実施できたのだろうか？

❷ なぜ新政府は全国規模の大きな改革をおこなうことができたのか？

←廃藩置県によって中央集権を実現したから

地租改正、**学制**、**徴兵令**と1871年以後、新政府が社会構造を変えるような抜本的な改革を進めることができたのは、**廃藩置県**によって270近くあった藩（大名家とその統治機構）を廃止し、新政府が唯一の政治権力として日本全体を統治できるようになったからである。

廃藩置県で強大な権力を手にした新政府は、わずか数年で、国の形を作り替える大変革を次々と実施していく。そんな改革の流れについて順を追って見ていこう。

1871年に廃藩置県するとまもなく、新政府は政治組織を改編する。太政官（政府の最高行政機関）を正院（最高機関）・左院（官選の議員で構成される立法諮問機関）・右院（各省の長官・次官が行政に関して協議する機関）の**三院制**とし、正院のもとに各省（大蔵・外務・兵部・司法・文部・工部・神祇省など）を置いて三権分立のかたちを整えたのである。

同年、**戸籍法**を制定し、翌年には国民すべてを把握するため、統一的な戸籍編成（壬申戸籍）がおこなわれた。このおり戸籍には、華族（旧大名や公卿）・士族（旧武士）・平民（旧農工商）の3族の別が記載された。とはいえ、国民はみな平等（**四民平等**）であるとされ、3族間の婚姻や職業選択、居住の自由が認められることになった。

殖産興業（資本主義を育成するための欧米諸制度・技術の移植政策）の一環として、政府は急速なインフラ整備も断行した。すでに東京・横浜間には電信線が架設されていた（1869年）が、1871年には**前島密**《ひそか》が中心となり、江戸時代の飛脚制度を廃して官営の郵便制度を創設した。各地に郵便局やポストがつくられ、全国一律で安価な通信制度が確立されたのである。

翌1872年には、大隈重信が中心となってイギリスの資本や技術を借り、新橋・横浜間に鉄道が開通した。その後鉄道網は全国各地へと急速に伸びていき、民間の鉄道会社も創設され、諸地域への移動時間は大幅に短縮された。

近代産業を発展させるため、政府の工部省（1873年からは内務省）が中心になって各地に官営模範工場が設置されていった。

代表的なものは1872年に群馬県に誕生した**富岡製糸場**である。世界遺産になったことで、誰もが知る工場になったこの富岡製糸場には、フランスから輸入された300台の最新式製糸器械が設置され、フランス人ブリューナと4人のフランス人女工（女性労働者）が招かれ、主に士族出身の日本人女工が指導を受けた。彼女たちはやがて、各地の製糸工場で後進の技術指導にあたり、結果、日本の生糸の品質は格段に向上していった。

その他、富岡製糸場に続いて品川硝子製造所、愛知紡績所、深川工作分局（セメント製造所）、札幌麦酒《ビール》醸造所など、官営模範工場が次々と建設されていった。

ブリューナのように、政府に雇われた外国人技術者や学者を、**お雇い外国人**と呼ぶ。約3000人が来日したが、そのピークは1875年の527人だった。有能な人材に来てもらうため、彼らへの待遇は極めてよかった。たとえば、近代的な貨幣制度の確立のため、造幣寮の長となったイギリス人キンダーには、月額1045円の給与が与えられた。太政大臣（新政府の最高位）の三条実美の給与が800円だったので、その高給ぶりがわかるだろう。

1871年には**新貨条例**を制定し、それまでの江戸幕府の貨幣制度を廃止、円銭厘を単位とする新しい通貨制度をつくり、さらに翌年、**国立銀行条例**を定めて民間銀行の創設をさせ、国内の金融制度の発達をうながした。

また、豪商の三井一族や三菱の岩崎弥太郎などに特権を与えて、民間産業の育成に力を注いだ。このように政府の保護を受けて利益をあげた商人を**政商**と呼ぶ。

さらに、欧米にならって暦法を太陰太陽暦（旧暦）から太陽暦にあらため、旧暦の明治5年12月3日を太陽暦の明治6年1月1日とした。また1日を24時間とし、その後、日曜日を休日とし、祝祭日として紀元節（初代神武天皇の即位した日）と天長節（明治天皇の誕生日）を定めた。

このように廃藩置県によって強大な権力を手にした新政府は、わずか数年というすさまじいスピードで諸政策を断行し、国の形を大きく変えていった。だが、前項で述べたように、そうした改革は、多くの人びとを苦しめた。結果、政府の政策に対する反対一揆の続発や**不平士族の乱**を招くことになったのだった。

ではなぜ、新政府は廃藩置県を断行したのだろうか？

❸なぜ新政府は廃藩置県を断行したのか?

←藩政改革で強大化した諸藩に危険を感じたから

江戸時代の日本は、江戸幕府が統治していたといっても、全国には260から270もの藩があり、それぞれの藩が独自のやり方で支配地をおさめてきた。幕府は大名が反乱をおこさぬよう強く統制していたが、藩の政治にはほとんど口をはさまなかった。このため、それぞれの藩には独特の士風が生まれることになった。

実は、明治政府が成立しても、その支配構造は基本的には変わらなかった。

1869年5月に箱館五稜郭が陥落して戊辰戦争が終わった。しかしそのあとも、新政府は、徳川家を始め逆らった大名家から領地の一部や鉱山・大都市を召し上げたものの、原則、すべての藩の存続を容認した。だから江戸時代と政治体制はまったく変わらなかったのだ。

ただ新政府としても、なるべく藩の権限を抑えて中央に権力を集中させたかった。

そこで同1869年6月、全藩に**版籍奉還**を命じたのである。

版とは各藩の領地のこと、籍とは各藩の領民のことをさす。つまり、大名に対して領地と領民を天皇に返還させたのである。まず同年1月に薩長土肥の4藩主が自主的に版籍奉還の願いを出し、これに多くの藩がならうと、タイミングをみはからって6月、すべての藩に新政府は版籍奉還を命じた。

だが、旧大名はすべて新政府の役人である**知藩事**に任じられ、旧領の支配をゆだねられた。家臣たちもその知藩事に仕えた。つまり版籍奉還後も、支配体制はあまり変わらなかったのだ。

こうしたなか、新政府の勧めもあり、各藩は猛烈な藩政改革を開始した。結果、紀州藩や薩摩藩など、新政府に匹敵する軍事力を有する藩がいくつも現れる。

こう書くと「戊辰戦争に勝利した新政府の軍事力がそんなに貧弱なのか？」と、意外に思うかも知れない。だが、もともと朝廷だった新政府には直属の兵力などない。戊辰戦争で戦ったのは、新政府方についた薩長土肥を中核とする諸藩の兵であり、戦争が終わったことでほとんど郷里に戻ってしまった。ゆえに、新政府は成立したものの手元に残った兵力はごくわずか、という状態だったのだ。

　こんな不安定な状況のなかで大名の反乱などが起これば、再び大規模な戦争が起こり、新政府は瓦解してしまう。政府の大久保利通や木戸孝允などは頭を痛めた。

　そんな折、軍制に詳しい中堅官僚で長州出身の野村靖と鳥尾小弥太が、同志の山県有朋と話をしているうちに議論が白熱し「廃藩を断行するしかない」という意見で一致し、同郷の井上馨を通じて長州閥のリーダー木戸孝允に依頼しようということになった。これを聞いた井上も同意し、木戸の説得役を引き受けた。

　西郷の説得は山県有朋があたることになり、山県が1871年7月6日に西郷の屋敷を訪ね、おそるおそる廃藩を切り出したところ、意外にもあっさりと同意をした。

　西郷は数カ月前まで鹿児島で薩摩藩の藩政改革をおこなっており、当然、藩を廃する案に反対するだろうと、山県は危惧していた。当時、西郷は薩摩藩士に絶大な人望があったので、西郷の同意がなければ廃藩の実現は相当の困難を伴ったろう。

　一方の木戸孝允は、自身も廃藩を構想しており、井上馨から西郷が賛成したことを知ると大いに喜んだ。

　こうして1871年7月8日、西郷と木戸は直接会って具体的な打ち合わせをおこなった。すでに大久保利通も西郷から話を聞いて同意していた。計画を実行するにあたって、土佐藩の板垣退助と佐賀藩の大隈重信も仲間に引き込み、7月14日に廃藩置県が断行された。

政府の実力者である三条実美と岩倉具視に計画が知らされたのは、そのわずか2日前（12日）のことだった。2人はうろたえたものの、同意するしかなかった。

こうして14日朝、薩長土肥の知藩事とその代表者を朝廷に呼び出し、明治天皇の勅語として廃藩が告げられた。

ついで鳥取藩、尾張藩、徳島藩などの県知事にも同様の勅語があり、午後2時、在京中の知藩事56名が呼び出され、天皇から同じ勅が下された。この瞬間、地上から藩が消滅したのである。知藩事も免官となって東京居住が命じられ、新たに設置された県には、中央政府から役人（**県令**）を派遣し統治することになった。

まことに意外なことだが、いきなり仕える主家をつぶされた武士のあいだに、激しい反発は起こらなかった。というのは、廃藩にあたって藩の借財は新政府が請け負い、士族の禄（給与）も政府が支払うと確約したからだ。

廃藩置県を断行して政治的な統一を成し遂げた政府は、以後、大きな権力をもって改革に邁進する。ちなみに廃藩置県は薩長中心の制度変革であったため、新政府における薩長閥の力は圧倒的となった。ある意味では、廃藩置県は薩長による権力奪取（クーデター）だったという見方もできる。

さらにいえば、廃藩置県は、大きな軍事力を持たない明治政府の首脳部が考え付いた苦肉の策だったことも理解してもらえたと思う。

前述したが、新政府の軍事力は、直轄の軍ではなく、朝廷（天皇）のもとにやって来た諸藩の寄せ集めに過ぎなかった。

それなのになぜ、新政府は戊辰戦争に勝利できたのだろうか？

次項では、戊辰戦争の経緯や歴史に名高い江戸城無血開城など、江戸から明治への移り変わりの時を紐解いてみよう。

❹ なぜ新政府は、戊辰戦争に勝利することができたのか？

←薩長の軍事力が強大であるうえ、前将軍・徳川慶喜が無抵抗で降伏したから

1868年1月3日、新政府軍と旧幕府軍が京都の入口である鳥羽と伏見で武力衝突した。この戦いを皮切りに翌年5月に旧幕府脱走軍の拠点・箱館五稜郭が開城するまでの戦いを、総称して**戊辰戦争**と呼ぶ。

戊辰戦争の発端となった**鳥羽・伏見の戦い**だが、これは薩長の挑発に旧幕府方が乗ってしまったことから始まる。

そもそも前年12月に新政府が樹立されたとき、政権から完全に排除された徳川慶喜は、怒りに震える部下をなだめて京都の二条城から大坂城へと移っていった。

だがこの対応が良かった。

各藩から徳川への同情が集まり、それを背景に新政府内では穏健派（公議政体派）が実権をにぎり、慶喜を新政府の盟主に迎えることが決まったのだ。これに危機感を抱いた倒幕派の西郷隆盛は、何としても徳川方を武力で倒そうと、浪人たちを江戸へ送り込んで治安を乱し、旧幕府方を暴発させようとしたのである。

旧幕府方はまんまと挑発に乗って江戸の薩摩藩邸を焼き打ち、これを知った大坂城の旧幕府方の兵士たちは激昂した。部下をおさえ切れぬと判断した慶喜は、1868年1月、新政府に薩摩勢力の排除を要求、同時に配下の京都への進撃を許した。こうして京都の入口である鳥羽と伏見で薩長を中核とする新政府軍と激突したのである。

この時、旧幕府方1万5000に対し新政府軍は5000。けれど司令官の能力の差もあり旧幕府軍は敗北する。そこで旧幕府方は今後について協議するため、6日、前将軍・慶喜が列席して大坂城で重臣会議を開いた。このとき慶喜は徹底的に戦う覚悟を見せたが、その夜、突然城内から姿を消してしまう。会津藩主の**松平容保**《かたもり》ら数名をともなって大坂城を脱し、船で江戸へ帰ってしまったのである。親しい者にも知らせない隠密行動、つまり臣下を見捨てて敵前逃亡をはかったのだ。まさかの事態に城内は騒然となり、旧幕臣たちは戦意を喪失し大坂から江戸を目指して落ちていった。

江戸城へ戻った慶喜は当初、「兵を結集して東下してくる新政府軍を撃破する」と威勢の良いことを言っていたが、やがて朝廷に恭順すると言いだし、2月に入ると穏健派の**勝海舟**にすべてを一任し、上野寛永寺で謹慎をはじめた。

しかし朝廷は慶喜を朝敵とみなし、有栖川宮熾仁親王を大総督、**西郷隆盛**を参謀として5万の征討軍を進発させた。やがて新政府軍は江戸の周辺に集結、3月15日を期して江戸城を総攻撃することに決めた。

勝海舟はこれを阻止すべく、さまざまな事前工作をおこなったうえで、征討軍の実質的なリーダーである西郷に会見を求め、3月13日、14日の両日、それが実現した。

勝は江戸城を無条件で開城することを条件に総攻撃の中止を求め、西郷はそれを独断で承知した。その後、新政府の首脳たちも西郷の判断を容認、翌4月、江戸城は無条件で新政府軍にあけ渡され、江戸の町も新政府の占領下に入った。

ただ、これに不満を持った旧幕臣や佐幕方の武士は下総国国府台に集結、北関東を転戦しつつ、東北へと向かった。また、**榎本武揚**率いる幕府艦隊も艦船の引き渡しを拒否して一時品川から房総方面へ脱走した。慶喜を守護するために結成された**彰義隊**は、慶喜が水戸へ幽居した後も上野山を拠点とし、新政府に反抗的な態度を見せた。

じつは西郷は、江戸の治安をすべて勝海舟や大久保一翁など旧幕臣にゆだねていた。それがこうした状況を招いたとして、実質的に西郷は更迭され、三条実美が京都から江戸に来て総督府のトップに立った。こうして5月、新政府方の大村益次郎の決断によって上野山に総攻撃が仕掛けられ、1日で彰義隊を壊滅させた。

なお、徳川家は無抵抗で降伏したため、新政府は、京都守護職として尊攘の志士を取り締まった会津藩を朝敵として攻め滅ぼす方針を立てた。しかし東北諸藩は「会津藩を許してほしい」と請願、その願いが聞き入れられないとわかると、北越を含む31藩で**奥羽越列藩同盟**をむすび、新政府に敵対する姿勢を見せたのである。

こうして7月から8月にかけて東北各地で新政府軍と同盟軍の戦闘がおこなわれ、越後の長岡藩などは善戦したが、結局、すべての藩が新政府軍にやぶれて降伏、9月に会津藩、庄内藩などが降伏したことで本州は新政府方に制圧された。

だが旧幕府艦隊を率いた榎本武揚ら旧幕臣らは、蝦夷地（北海道）に渡り、**箱館五**

稜郭を拠点にして蝦夷地全土を支配下におさめたのである。新政府軍は雪解けを待って、翌1869年4月から蝦夷地へ上陸、五稜郭を総攻撃して翌月、榎本らを降伏させた。ここにおいて戊辰戦争は終結し、新政府は全国統一を成しとげたのである。

この間、新政府は**五箇条の御誓文**（政府の政治方針）を出して公議世論の尊重と開国和親の方針を明らかとし、**政体書**を制定して太政官に権力を集める政治体制をととのえた。同1868年に、明治天皇は即位の礼をあげ、年号も慶応から**明治**と改元、翌1869年には**東京**（江戸を改称）へ移ったのだった。

このように見ていくと、旧幕府方のなかでも前将軍・徳川慶喜が、思いのほか大きな抵抗もせずに新政府に政権を明け渡していることが分かる。そこには、徳川家の思惑があった。

なぜ将軍・慶喜は、朝廷におとなしく政権を返還することに同意したのだろう？

5 なぜ将軍・慶喜は、朝廷に政権を返還することに同意したのか？

←大政奉還により新政府の盟主になれると考えたから

1867年10月14日、江戸幕府の15代将軍・徳川慶喜は、260年以上保持し続けてきた政権を朝廷に返還した。なぜかといえば、このままでは倒幕派が武力で幕府に立ち向かってくるのは確実だったからである。また**大政奉還**はしたものの、権力を手放すつもりはなかったともいう。慶喜は最大の大名として徳川家の軍事力と経済力を背景に、新政権の中心に座る心積もりだったようだ。それがどのようにして、徳川抜きの新政府樹立に繋がるのか？　本項で詳しく見ていこう。

大政奉還の前日、実は、事態はかなり切迫していた。

明治天皇が「幕府を倒せ」と命じる**討幕の密勅**が薩摩藩に下され、翌14日（慶喜が大政奉還の上表文を朝廷に提出したその同日）には、長州藩にも同様の密勅が与えられていた。これは朝廷の実力者である岩倉具視が、薩摩の大久保利通らと作成した非公式な詔勅であったが、薩長はこれを盾に挙兵するつもりだった。

おそらく慶喜もこの動きを知っていていたのだ。それゆえ、悩んだすえに政権の返上を決断したのだろう。

この時、将軍・慶喜に政権の返上をすすめたのは、前土佐藩主・山内豊信だった。豊信は重臣の後藤象二郎の意見を入れて慶喜に提言したのだが、その後藤に大政奉還を説いたのは**坂本龍馬**であった。

龍馬は列強諸国の干渉をさけるため、できるだけ内戦を避け、平和的に新国家を成立させようと考えた。具体的には幕府が朝廷に政権を返し、天皇を中心とした雄藩（有力な大藩）連合政権を発足させようとした。すでに以前から存在する政体構想であり、実際、幕府の勝海舟や薩摩藩の大久保利通などは、その実現のため奔走した過去もあった。

土佐藩祖・山内一豊は、徳川家康によって掛川6万石の大名から土佐20万石の国持大名にしてもらった。だから土佐藩は徳川家には恩義があったが、薩長倒幕派が力を伸ばし、いまや政局から取り残されそうになっていた。そこで後藤は、薩長とつながりの深い土佐の脱藩浪人で、亀山社中（商社兼私設艦隊）を運営していた坂本龍馬に接近、龍馬から大政奉還策を提示されたのである。この案は土佐藩が政治のキャスティングボートを握れる絶好の機会であり、龍馬の**「船中八策」**という明確な新政府構想も魅力的だった。このため後藤が山内豊信を説き伏せ、豊信が同意するとみずから猛然と慶喜や幕閣に大政奉還を説いたのである。

こうして大政奉還を決意した慶喜だが、前述のとおり、政治権力を手放すつもりはなく、朝廷に誕生する新政権に参画するつもりだったようだ。徳川家は400万石の大大名であり、できれば、その経済力や軍事力を背景に新政権の盟主的な立場を確保したいと考えていたと思われる。

ところが、そのもくろみは失敗に終わる。薩長倒幕派が12月9日に朝廷でクーデターを起こしたからだ。この日の朝、朝廷の会議が終わって摂政・関白や親徳川方の公家たちが退出した後、その場に残った公卿の三条実美や大名の徳川慶勝（尾張）、松平慶永《よしなが》（越前）らのもとに、岩倉具視が王政復古の勅書を携えて参内し、明治天皇による**王政復古の大号令**が発せられたのである。

こうして新政府が樹立され、幕府のみならず摂政や関白も廃止され、新たな重職として**三職（総裁・議定・参与）**が設置された。政権の形態は雄藩連合の形をとった。参与には薩摩藩から大久保利通、西郷隆盛ら、土佐藩からは後藤象二郎・福岡孝弟《たかちか》などが任命され、のちに長州藩から木戸孝允・広沢真臣らが加わった。

王政復古の大号令の発せられた夜、三職（参加藩は尾張・越前・安芸・土佐・薩摩五藩の藩主や重臣）が集められ、明治天皇臨席のもとに会議（小御所会議）が開かれた。会議では徳川家の処分が議題となった。大久保ら倒幕派は、徳川慶喜への内大臣辞任と領地（一部）の朝廷への返上を提案した。これによって徳川の家臣たちを怒らせて暴発させ、武力によって同家を倒そうと企図したのである。ところが親徳川派の山内豊信が強く反対し、後藤象二郎や松平慶永もそれに賛同した。

しかし倒幕派は豊信を脅して、慶喜の**辞官納地**が決定したのである。

徳川家にとっては過酷な決定が下されたわけだが、慶喜は激怒する部下を抑えて京都の二条城から大坂城へ移った。やがて、多くの大名が徳川家に同情を寄せるようになる。これに力を得た土佐藩ら公議政体派（徳川をくわえた雄藩連合を維持して近代化を目指す一派。土佐藩のほか越前藩、尾張藩など）は、朝廷内で倒幕派（薩長両藩）から主導権をうばい、慶喜を新政府の盟主にすえようと工作し、それがほぼ実現することに決まったのである。

窮地に立った倒幕派は、西郷隆盛らが中心になって江戸に浪人たちを送り込み、乱暴狼藉をはたらかせた。これに激怒した旧幕臣や徳川方の武士たちが薩摩藩の屋敷を襲撃して破壊してしまった。これを知ると、大坂城にいた旧幕府兵と会津・桑名藩兵（佐幕派）は激昂、慶喜も抑えきれなくなり、軍事行動を許してしまう。こうして**鳥羽・伏見の戦い**が勃発し、戊辰戦争へと突入していくのである。

結果、旧幕府方は敗北し、薩長両藩が中心となった新政府側が勝利するのは、すでに前項で述べたとおりである。

ではそもそもなぜ、薩長両藩は幕府を倒そうと考えるようになったのだろう？

⑥なぜ薩長両藩は、幕府を倒そうと考えるようになったのか？

←第2次長州征討で敗北した幕府が、改革によって権威を復活させたから

薩摩藩と長州藩は、幕末から明治初期、つまり明治維新で重要な役割を担う。両藩の思惑はそれぞれにあり、敵対していた時期もあるのだが、ある時から手を結び倒幕に向け共闘するようになる（その後、明治政府の藩閥政治へとつながる体制を敷く）。本項では、まずこの2つの藩について整理し、なぜ両藩が倒幕に向かったのかを確認していきたい。

薩摩藩は関ヶ原の戦いで西軍（豊臣方）に就いたが、巧みな交渉によって領地を減

らされることなどなく幕末に至る。薩摩藩が幕末に活躍できたのは藩政改革に成功して**雄藩**（政治力・経済力のある有力な藩）に成り上がることができたからである。

薩摩藩は１８３０年代、莫大な借金を抱えるようになっていたが、調所広郷《ずしょひろさと》のすさまじい改革によって財政を建て直した。そのやり方は非合法で非情だった。

新しい借り主を探したうえで、５００万両に及ぶ豪商からの借金を実質上踏み倒したのである。家計が火の車である薩摩藩になぜ新たに金を貸す商人がいるのかを不思議に思うかもしれない。じつは彼らは薩摩藩の産業に将来性を見いだしたのだ。とくに砂糖生産である。当時、砂糖の需要は高まるばかりだったが、サトウキビは南国にしか生育せず、その大半を輸入に頼っていた。だが、薩摩藩では支配下にある琉球、藩領の奄美群島で黒砂糖が生産できた。そこで薩摩藩は島民たちに強引に砂糖栽培をさせ、その利益をしぼりとったのだ。さらに薩摩藩は中国と密貿易をおこなったり、ニセ金を製造するなどして短期間で財政を再建したのである。

１８５１年に藩主になった**島津斉彬**《なりあきら》は反射炉や蒸気船をつくり、ガラス工場などを設置するなど薩摩藩の近代化をはかり、幕末にはイギリス商人と貿易をおこない大量の武器を輸入した。ただ、幕末の最終段階まで薩摩藩の上層部は、公武合体（朝廷と幕府が融和をはかりながら政治をとる）の立場をとっていた。

一方の長州藩は関ヶ原の戦いで西軍に属し、徳川家康により領地を４分の１に減らされたので、ずっと徳川に対する憎悪を密かに抱き続けていた。

そんな長州藩も、１８３０年代に村田清風が中心となって猛烈な藩政改革をおこない、雄藩に転身していた。長州藩ではペリーの黒船を目の当たりにした**吉田松陰**が、松下村塾で**尊王攘夷**（天皇のもとに結集して国内から外国人を追放せよ）を主張した。松陰は幕府の弾圧（安政の大獄）で殺されてしまうが、その同志や門弟たちが長州藩の実権を握り、大老井伊直弼《なおすけ》が攘夷派の水戸浪士に殺害されて以降（桜田門外の変）、攘夷主義者の孝明天皇のいる朝廷に勢力をのばしていった。

１８６２年には、長州藩士らが急進的な公家と結んで朝廷の実権を握り、翌年には将軍家茂《いえもち》を京都に上洛させ、攘夷決行を約束させるまでになった。

この頃の薩摩藩は公武合体の立場から幕府に改革を迫り、その後は京都守護職で佐幕派の会津藩と結んで、過激な攘夷をおさえる立場をとった。過激な攘夷派の代表格が、長州藩士であった。

このような中で、ついに両藩が相対する時が来る。

1863年8月18日、会津・薩摩両藩は天皇の同意を得て、急進的な公家と長州藩の志士たちを朝廷から追放したのである**（八月十八日の政変）**。

これは、攘夷を訴える長州藩士ら尊攘派が、京都や江戸で外国人や開国派を襲撃・殺害し、天皇のもとに軍勢をあつめ、その力で外国人を駆逐した後、幕府までを倒そうと動き始めたことに対する措置であった。

翌1864年7月、長州藩は朝廷の主導権を取り戻すため大軍で京都へ乱入するが、薩会両藩に撃退（禁門の変）され、結果的に朝敵となってしまう。朝廷の命を受けた幕府の征討軍は長州へ向かったが**（第1次長州征討）**、長州藩が謝罪・恭順したので武力討伐を中止し、同藩に対して領地の削減などを命じるにとどまった。

ところがまもなく長州藩では内戦による政権交代劇があり、高杉晋作らが保守派政権を倒して革新派政権をつくる。革新派が主軸となった長州藩は、命じられた幕府の要求に応じようとしなかった。このため幕府は翌1865年、第2次長州征討をおこなうことを決定、翌1866年6月、再び大軍を組織して長州へ向かった**（第2次長州征討）。このとき薩摩藩は征討に反対し、出兵を拒否した。これは、幕府にとって大きな痛手だったが、じつはこれより前、薩摩藩は坂本龍馬や中岡慎太郎の仲介で長州藩と秘密の攻守同盟（**薩長同盟**）を結んでいたのである。

この時期、朝廷のある京都が政治の中心になりつつあったが、長州藩が失脚した後の都では、一橋慶喜や会津藩主・松平容保らが実権を握っていた。薩摩藩の大久保や西郷は、朝廷中心とした雄藩連合政権を構想していたが、慶喜は江戸の保守派老中らと結んで長州藩を徹底的につぶし、朝廷を牛耳ろうと考えていた。

慶喜らに愛想を尽かした薩摩藩は、土佐脱藩士の坂本龍馬と中岡慎太郎の仲介を受け入れ、長州藩と手を握ったのである。ただ、このときは、幕府を転覆させようとは考えていなかった。あくまで慶喜らの政治勢力に対抗しようと考えていたのだ。

さて、第2次長州征討の結果だが、大軍で長州領へ攻め入った幕府の征討軍は、逆に長州軍に押し返されて敗退を重ねていった。長州兵の志気が高かったことにくわえ、彼らが最新の洋式兵器を所持していたことが勝因だった。兵器の多くは薩摩藩が外国商人から購入して坂本率いる亀山社中に運ばせたものだった。

そんな征討の最中、14代将軍・家茂が大坂城で死去してしまった。幕府は将軍の喪に服すという理由で、長州から兵を引き上げた。ただ、幕府の敗北は明らかであったからその権威は失墜し、にわかに倒幕の流れが加速する。さらに悪いことに、幕府を支持していた孝明天皇が急死してしまうのだ。

新しく将軍になった慶喜は、退勢を挽回しようと抜本的な幕政改革をおこなった。これまで若年寄（老中の補佐役）は大名しか就任できなかったが、旗本の永井尚志を同職にすえるなど思い切った人材登用をおこない、さらに老中（内閣の大臣に相当する役職）の職掌を明確にわけた。これまでは老中数名による輪番で政治をとっていたが、板倉勝静《かつきよ》を老中首座に任じ、外国事務総裁、国内事務総裁、会計総裁、海軍総裁、陸軍総裁という職をつくり政治を分掌させた。後の内閣制度に近い仕組みであった。

慶喜は留学経験のある西周《あまね》などから詳しくヨーロッパの政体を聞いており、一説には廃藩を断行してフランスを範とする郡県制をしき、一気に中央集権体制を構築しようとしていたともいわれる。

慶喜が特に力を入れたのが軍制改革だった。旗本・御家人が戦時に軍役をつとめるシステムを廃し、彼らから年収の半額近くを供出させ、その資金で傭兵を雇って1万数千にのぼる洋式歩兵部隊を創設、フランスから軍事顧問団を招いて徹底的に訓練させたのである。またフランス公使ロッシュに依頼して同国から600万ドルの借款契約を結び、大砲や軍艦といった武器を輸入した。こうして1年足らずで慶喜は幕府の強化に成功し、徳川家康の再来だと倒幕派から恐れられた。

なお、慶喜自身は京都にいて朝廷の実権を握り、薩摩藩の大久保利通らと長州藩の処分をめぐって激しく対立した。

すでに薩摩藩は薩長同盟を結んでいたので、朝廷に対して長州藩の罪を軽減するよう求めたが、慶喜は「諸外国が求める兵庫の開港問題にどう対処するかを話し合うことが先決だ」として、朝廷にそれを認めさせなかった。

慶喜率いる幕府は改革によって急激に強大化しており、なおかつ、薩摩藩とは意見が真っ向から対立している。このままでは長州藩同様、自分たちも幕府に討伐されてしまう。そう危惧した西郷隆盛と大久保利通は、薩摩藩を主導して武力倒幕へと舵を切らせ、長州藩と連携をとりつつ、公家の岩倉具視と組んで天皇に倒幕の密勅を出させる準備を始めたのである。

このように幕府は、第2次長州征討でその弱体化を露呈し、14代将軍・家茂も死去、幕府の理解者でもあった孝明天皇も没してしまうが、15代将軍・慶喜の改革によって、一時力を盛り返す。だが、それが皮肉にも倒幕の動きに拍車をかけることとなったのだ。

ではなぜ、幕府の力は弱体化したのだろう？

江戸２６０年の間、徳川家は武家社会に絶対的な存在として君臨していた。それがなぜ、倒幕の動きを許すほどになってしまったのだろう？

❼ なぜ徳川幕府の力は弱まってしまったのか？

← 尊王攘夷運動が激化し朝廷の力が大きくなったから

1863年3月4日、14代将軍・**徳川家茂**は京都の二条城に入った。将軍の上洛は3代将軍・家光以来、およそ230年ぶりのことであった。家茂はなにも好きこのんで上洛したわけでなく、朝廷に強要されたのである。

孝明天皇は、上洛した家茂に対し「攘夷（外国人の排斥）については、朝廷が直接諸藩に命じることもある」と断言した。朝廷が政治に口をはさむことは、幕府の**禁中並公家諸法度**によって固く禁じられてきた。ゆえに天皇の言葉は違法だった。いかに幕府が軽んじられているかがわかる。さらに11日、天皇は攘夷祈願のために加茂神社へ行幸したが、家茂はこれに随行させられている。開国和親は幕府の方針であったが、それと正反対の行動を余儀なくされたのである。翌4月には、家茂は朝廷の圧力に耐えかね、同年5月10日をもって攘夷決行の期日とすると天皇に奉答してしまう。

ここまで幕府の力が弱まってしまったのには理由がある。順を追ってみていこう。外国人を嫌う孝明天皇は、幕府がいくら求めても列強諸国との通商条約の勅許を出そうとしなかった。このため攘夷をとなえる下級武士たちは天皇をしたい、朝廷に集まるようになった。すると１８５８年、大老に就任した**井伊直弼**が、勅許なしで列強と通商条約を結び、次の将軍後継者も独断で紀州藩主**徳川慶福**《よしとみ》（後の**家茂**）に決めてしまう。こうした強引なやり方に反対派の大名たちが反発すると、直弼は大名とその家臣、さらに尊攘派の志士たちを徹底的に弾圧し始めた**（安政の大獄）**。

これに怒った水戸浪士たちは１８６０年3月3日、桜田門外で直弼を襲撃して殺害**（桜田門外の変）**。これにより幕府の威信は失墜、このため老中の**安藤信正**は、権威を高めた朝廷の力を借りて幕政を建て直そうとした**（公武合体政策）**。とくに朝廷との融和をはかるため、天皇の妹・**和宮**を将軍家茂に降嫁させた。すると尊攘派は、和宮を江戸に人質にとって朝廷の力をおさえるものだと憤り、１８６２年、坂下門外で安藤を襲撃した（坂下門外の変）。この結果、安藤は失脚してしまった。このように2度も最高指導者が襲撃されたことで、ますます幕府の威信は低下してしまった。

同年、こうした状況を危惧した公武合体派の**島津久光**（薩摩藩主の実父）は、勅使を奉じ兵を率いて江戸を訪れ、幕府に改革を要求した。幕府はこれを聞き入れ、安政の大獄で失脚した一橋慶喜、松平春嶽を復権させている。

一方、長州藩を中心とした攘夷派の志士たちが朝廷を牛耳り、外国人や開国派の武士や公家を襲撃するなど、過激な攘夷活動を展開するようになったことは前述のとおりだ。そして冒頭で述べたように、ついに将軍に上洛を強要し、幕府から諸藩に対する攘夷決行命令まで出させるに至ったのである。

朝廷を牛耳る尊攘派は、1863年8月、今度は攘夷祈願ということで孝明天皇を大和へ行幸させ、そのまま攘夷軍を結成し、その軍事力で外国人を駆逐したあと、幕府まで倒してしまおうと密かに企み、13日には孝明天皇の大和行幸が発表された。

攘夷主義者であったものの、天皇に幕府を倒すつもりなどなかった。

だからこうした状況になると、天皇は公武合体派の島津久光や中川宮（久邇宮朝彦親王）に相談し、天皇の真意を知った公武合体派の薩摩藩や京都守護職をつとめる会津藩は、同年8月18日に朝廷内でクーデターを決行し、尊攘派公卿7人と長州系志士らを朝廷から追放した（**八月十八日の政変**）。

失脚した志士たちは御所に火をはなち、天皇を長州に連れ去る計画を立てた。これを未然に知った**新選組**（京都守護職配下の警察組織）は、翌1864年6月、池田屋に集まる志士を捕殺した（**池田屋事件**）。すると激怒した長州藩士たちが大挙武装して上洛、御所に押し入ろうとして会津・薩摩藩らと武力衝突した（**禁門の変**）。

結局、長州軍は敗れ、まもなく退却していったが、朝廷は長州藩を朝敵とし、幕府に征伐を命じた。これを受けて幕府は征討軍を組織し、長州征討に向かうことになった。

このように見ていくと、各地での尊王攘夷派の行動が二度も幕府の最高権力者を失脚させ、次第に江戸幕府を追い詰めていったことが分かる。

ではなぜ尊王攘夷運動は、急速に国内に広まったのであろうか？

❽ なぜ尊王攘夷運動が急速に国内に広まっていったのか？

← 列強との対外貿易が始まり、その結果、人びとの生活が苦しくなったから

そもそもなぜ、**尊王攘夷**という考え方が当時の人々に浸透していったのか？　結論を先に言ってしまえば、外国との貿易が始まったほんの数年で、人々の生活が苦しくなったからだ。以下、順を追ってみていこう。

1854年、幕府は和親条約を結んでアメリカ、イギリス、ロシアに国を開き、開港した長崎、下田、箱館の地に外国船が出入りするようになった。2年後の1856年、アメリカの**初代総領事ハリス**が下田に来航、通商条約の締結を求めた。1年以上

の交渉のすえ幕府は条約に同意し、老中首座の**堀田正睦**《まさよし》が天皇の許可を得るため京都へ出向いた。ところが外国人嫌いの**孝明天皇**は、これを拒絶。驚いた堀田は必死に政治工作をするが、うまくいかずに失脚してしまった。

かわって**大老**となった**井伊直弼**は１８５８年６月、天皇の勅許なしで**日米修好通商条約**に調印した。ハリスがイギリスやフランスが艦砲外交によって不平等条約を強要している事実を説き、「もしアメリカと最初に条約を結べば、イギリスやフランスがひどい条件を押しつけてきても断固阻止する」と約束してくれたからである。

日米修好通商条約の内容は「神奈川・長崎・新潟・兵庫の港を開き、開港場には外国人**居留地**を設置し、そこでの通商は自由貿易。ただし、居留地の範囲を越えての外国人旅行は禁止。日本で罪を犯した外国人はその国の領事が裁く**（領事裁判権）**。関税は両国が協定して決定する**（協定関税制度）**」というものだった。

明らかに不平等な条約だが、幕府はオランダ、ロシア、イギリス、フランスとも同様の条約を結び、１８５９年から列強との交易を許した。

同年の輸出総額は約89万ドル、輸入総額は約60万ドルだったが、６年後の１８６５

年には輸出は約1850万ドル、輸入額約1515万ドルに膨れあがった。最大貿易相手国はイギリスで、交易の9割は最大都市・江戸に近い横浜港でおこなわれた。なお、輸出超過で始まった交易は1867年に輸入超過に転じた。輸入品の税率を20%(例外品目あり)から5%に引き下げられたからだ。幕府は1866年、兵庫の開港期限を延長する代償として関税率を引き下げることに同意したのである。

輸入品の大半は綿織物や毛織物などの繊維品だった。安い綿織物が大量に輸入されたことで、綿織物業や紡績業、綿花(綿糸の原料)を栽培する綿作農家は壊滅的な打撃をこうむった。

最大の輸出品は、生糸と茶だった。貿易が開始されると、国内では急激に物価が上昇した。江戸時代、物産は江戸や大坂の問屋に集められ、問屋から仲買、そして小売へと流れる物流システムが確立していた。ところが輸出の主力である生糸や茶は、農村の**在郷商人**が農家から商品を買い付け、問屋を通さずに開港場へ直送してしまった。そのため流通システムがくずれ、消費地の大都市では生糸や茶が極端な品不足となって価格が高騰、それに連動して諸物価も上がったのである。

たった数年で生活必需品は数倍の値にはねあがり、生活の困窮にあえぐ人びとが増えた。そこで幕府は1860年に雑穀・水油・蠟・呉服・生糸の五品は、江戸の問屋を通してから輸出しなければならないとする貿易統制令**(五品江戸廻送令)**を出した。だが外国人商人や在郷商人が強く反対し、効果はあがらなかった。

貨幣の改鋳も物価高の原因になっていた。1860年、幕府は小判の重量と含有量を3分の1に減らした**(万延小判)**。というのは、金と銀の交換率が外国では1対15であったのに対し、日本では1対5だったため、大量の金貨が国内から流出してしまったのである。この流れを止めるための貨幣改鋳だった。しかし実質的に貨幣の質が落ちたため、物価の上昇に拍車がかかった。

いずれにしても、貿易が原因の物価高によって多くの人びとの生活は圧迫され、それに伴って外国人に対する憎悪感情が高まっていった。そしてやがてそれが、攘夷(外国人排斥)運動につながっていくことになったのである。

では、なぜ幕府は列強諸国に国を開き、貿易を始めてしまったのだろうか？

❾ なぜ幕府は列強諸国に国を開き、貿易を始めてしまったのか？

← 強大な軍事力を持つペリーなど列強諸国に開国を強要されたから

1853年に浦賀に来航したアメリカの東インド艦隊司令長官**ペリー**だが、突然、来航したわけではなかった。

1年前に、幕府はペリーが来るのを知っていたのである。アメリカ政府が、長年、日本と交易しているオランダ政府を通じて幕府に来航を予告していたからだ。

オランダ政府は幕府に対し「来年、アメリカのペリー率いる4隻の軍艦が来航し、幕府に開国を求めるでしょう。この艦隊は上陸戦闘用の装備も整えているので、十分気をつけてください」と連絡している。ところが老中首座の**阿部正弘**など幕府の老中たちは、ペリー来航の対策を立てないまま、当日を迎えたのである。

これには理由があった。オランダからの報告を幕閣に伝えた長崎奉行は、「あくまで外国人の言うことなので、情報の真偽はあやしいです」と付け加えたのだ。実際、過去にもオランダは「イギリス艦隊が来航する」という情報を提供してきたが、結局、それはデマだった。

さらに言えば、アメリカの使節を迎えるのは、これで二度目だった。1846年、アメリカの東インド艦隊司令長官**ビッドル**が重装備の艦隊を率いて浦賀に来航し通商を要求している。しかし幕府が強く拒むと、おとなしく引き上げていった。「だから今回も拒絶すれば、相手は引き下がるだろう」そんなふうにタカをくっていたのである。

ペリー艦隊は、フィルモア大統領の国書を持参し、ヴァージニア州ノーフォークを出航し、大西洋を横断してケープタウン、セイロン島、シンガポール、香港、マカオ、上海、沖縄を経由し、8カ月後の1853年6月3日（西暦では7月8日）に浦賀沖に到達した。黒船来航を知った浦賀奉行所は驚き、多くの舟で黒船の周囲を取り囲んで江戸湾へ侵入させないようにし、舟から役人を黒船の甲板へのぼらせようとした。

ところがこれに気づいたアメリカ側は、艦の大砲を一斉に市街へ向け、上がってこようとする役人に銃口を向けた。このため役人たちは甲板への乗り込みを断念した。

ペリーは「幕府の高官以外とは会見に応じない」と述べ、「多くの哨戒船をすぐに退去させなければ武力攻撃する」と警告した。そして奉行所の代表者3名のみの乗船を許して会見に応じたのである。

ペリーは幕府に強く開港を求め、フィルモア大統領の国書を受理するよう迫った。しかし役人は「長崎に回航しなければ交渉に応じない」と突っぱねた。

するとペリーは「断じて回航しない。艦隊への包囲を解け。でなければ武力に訴える」と明言したのである。そこで奉行所は包囲を解き、艦隊を見守る態勢に入った。やがてペリーは多くの短艇を黒船から降ろし、江戸湾深くまで入り込んで勝手に測量をはじめた。さらに測量船を守備するとして、巨大な蒸気船を江戸近くまで乗り入れたのだ。

重武装した黒船に、江戸の貧弱な砲台は到底かなわない。戦えば江戸の市街は焦土と化し、幕府の権威は失墜する。そこで阿部正弘は大統領の国書を受け取り、「開国するかどうかは、翌年に返答する」と約束し、ペリーを退去させたのである。

年が改まった1854年1月、ペリー艦隊が再び姿を現した。わずか半年後のことだ。ちょうどロシア使節のプチャーチンが長崎に入港し、日本に開国を迫っていたので、先を越されまいとしたのである。

船の数は7隻だったが、ペリーは「沖合に100隻を待機させてある」とおどし、幕府に強く開国を要求した。ただ、すでに阿部ら幕閣も開国を決意しており、横浜における短期間の交渉のすえ、**日米和親（神奈川）条約**が締結された。

アメリカ船への燃料・食糧の供給、難破船や乗組員の相互救助、下田・箱館の開港と領事駐在の承認、そしてアメリカへの**一方的な最恵国待遇**の付与を約束する内容であった。一方的な最恵国待遇とは、幕府が他国と条約を結んださい、日米和親条約より有利な条項があれば、自動的にアメリカにもその条項が適用されるというものだ。まもなくロシア、イギリス、オランダとの間でも同様の条約が結ばれた。

このように日本（幕府）は、アメリカの無理な脅しによって、仕方なく国際社会へと引きずり出されたのである。

ではなぜ、ペリーは日本を開国させようと考えたのだろうか？

⑩なぜペリーは日本を開国させようと考えたのか？

←日本を米清貿易と捕鯨船の寄港地にしたいと考えたから

この時期、なぜアメリカは日本を強引に開国させようとしたのだろうか。

理由はいくつかある。一つは、寄港地が欲しかったからだ。この頃、アメリカでは清国との貿易が急速に盛んになりつつあった。ただ、米清間の距離は遠い。そこで太平洋航路の寄港地として日本の港を求めたのである。

さらに、アメリカの捕鯨船が日本近海で操業するようになっていたが、食糧や燃料が足りなくなることが多かった。それを補給する港が欲しかったのである。

だが、それだけではない。アメリカの世論が日本の開国を強く求め、それにアメリカ政府が背中を押されたのも一因だった。アメリカの世論をつくったのは、**モリソン号事件**であった。

1837年、浦賀に突然、アメリカの商船が現れた。それがモリソン号だ。この船は日本人漂流民を届け、さらに日本に通商を求めようとして来航した。

ところが浦賀奉行所は、なんと問答無用で砲撃をおこない、同船を追い払ったのである。モリソン号は鹿児島でも同じように砲撃を受けていた。

これを知ったアメリカ人は、人道上の目的で来港した商船に対し、このような行動に出た日本の対応を強く非難し、ただちに開国すべきだという声が高まったのである。それが1846年の**ビッドル**、さらに1853年の**ペリー**の来航へとつながっていくことになったのである。

それにしても、なぜ日本はモリソン号に対してこのような野蛮な行動に出たのだろうか？

それは、日本の法律がそう定めていたからだ。1825年、幕府は**異国船打払令**を発布し、沿岸に近づく異国船は、容赦なく発砲して駆逐せよと命じていた。

じつは19世紀になると、外国船が盛んに日本近海に出没するようになった。

その多くは、アメリカ船というより、イギリス船やロシア船だった。18世紀後半、蒸気機関の発達などにより、イギリスは大量の品物をつくって売りさばく工業社会に変わった。これを**産業革命**と呼ぶが、その波はヨーロッパ全体に波及した。イギリスを中心に欧米諸国は、市場や原料が調達できる地域を求めて東アジアにまで到達したのだった。

やがて清国と貿易をはじめたイギリスやロシアの船は、日本沿岸に勝手に上陸して食糧などを要求、住民といざこざを起こすようになった。このため幕府は、異国船打払令を出したのである。

しかしモリソン号事件の後、幕府はこの対外方針を改めた。というのは、イギリスが仕掛けた**アヘン戦争**で清国が大敗を喫し、不平等条約**（南京条約）**を押し付けられたうえ、香港を奪われたことを知ったからである。

うっかりイギリス船を砲撃して戦争になったらそれこそ大変なことになる。そこで幕府は、異国船打払令にかわって1842年に**薪水給与令**を出した。「外国船がやって来たら薪（燃料）や水、食糧をあたえて穏便に帰す」という法律である。

2年後の1844年、オランダの国王が幕府に開国を勧める親書をもたらした。

そこには「このまま鎖国していると、清のようになってしまうので開国すべきだ」と記されていた。しかし幕府は、この勧めを謝絶してしまった。

けれど、日本の開国への流れは止まらず、それから10年後、ついに幕府は来港したペリーの要求に屈し、開国することになったのである。1854年3月のことだった。

こうして日本の近代が始まったのである。

テーマ史 32

五箇条の御誓文と五榜の掲示

1868年3月14日、新政府は**五箇条の御誓文**を公布した。これは、明治天皇が百官（部下）を率いて神々（皇祖神）に誓うというかたちをとって、新政府の政治方針を述べた声明文である。

まだ戊辰戦争のさなかであったが、すでに新政府軍は江戸を包囲しており、徳川家は恭順の意を示していて、旧幕府勢力の制圧は目前といえた。ここにおいて新政府は、日本統一後の国是（方針）を内外にアピールしようと考えたわけだ。列強諸国など対外に向けるだけでなく、国内に政府の方針を周知させる狙いもあった。とくにまだ攘夷（排外）思想は根強く残っていたし、諸藩も新政府がどのような政治を展開するのか、不安に思っていたからだ。

以下、全文を紹介する。

「一、広く会議を興し、万機公論に決すべし。一、上下心を一にして、盛に経綸を行ふべし。一、官武一途庶民に至る迄、各其志を遂げ、人心をして倦ざらしめんことを要す。一、旧来の陋習を破り、天地公道に基くべし　一、智識を世界に求め、大に皇基を振起すべし。」

要約すれば「広く会議を開いて政策を決定し、国を治めてゆきます。国民すべてが夢を実現できるよう、また、人々が飽き飽きしないようにします。旧来の悪い考え、すなわち攘夷主義はやめます。知識を世界に求め、大いに国家を盛り立てます」ということ。つまり「開国和親・公議世論の尊重」を国是としたのである。

同じ日、新政府は国民に向けても「億兆安撫国威宣揚の御宸翰」を公示している。「政治の一新にあたり、国民の希望がかなえられないのは天皇である自分の罪だから、今後は善政をしき、大いに国威を輝かすつもりだ。だから国民も攘夷思想を捨てて公議をとりなさい」というものだ。

しかしその翌日、新政府は幕府の高札を撤去し、新たに**五榜の掲示**を辻々に立てた。そこには「儒教道徳の遵守、徒党や強訴の禁止、キリスト教の厳禁、国外逃亡の禁止」など、幕府の統治方針を踏襲する内容が書かれていた。五箇条の御誓文でカッコイイことをいい、国民に旧来の陋習を捨てろといいながら、自分たちは、幕府の古い方針を変えずに国民を支配しようとしたのである。

テーマ史 33

明治初期における行政組織の変遷

将軍徳川慶喜の大政奉還をうけて、1867年12月9日、明治天皇は**王政復古の大号令**を発し、新政府が樹立された。実際は、薩長倒幕派によるクーデターだったが、これにより、幕府のみならず摂政や関白も廃し、新たに**三職（総裁・議定・参与）**を置いた。ところがわずか5カ月後（1868年閏4月）、新たに**政体書**を出し、**太政官**とよぶ組織に国家権力を集中させ、さらに形式上、三権（行政・司法・立法）分立制をとることにしたのである。立法機関である議政官は、国会の上院にあたる上局（議定・参与からなる）と下院にあたる下局（各藩選出の貢士からなる）で構成された。これは、アメリカ人の著書やアメリカ合衆国憲法を参考にしたとされる。

意外にも、明治初期はかなり民主的な政治制度がとられていたのである。

翌1869年（版籍奉還後）、今度は太政官と**神祇官**を併設する二官六省の制に変わる。神祇官は、朝廷の祭祀や神社、宗教などを担当する機関で、この時期、神道を国教化しようとしていたので、太政官と同格としたのである。ところが1871年の廃藩置県後、またも制度は大幅に変更される。神祇官を省に格下げし、太政官のもとに**正院**（政府の最高機関）・**左院**（官選の議員で構成される立法諮問機関）・**右院**（各省の長官・次官が行政に関して協議する機関）を置いたのだ**（三院制）**。

各省にも変遷がみられた。軍政をつかさどる兵部省は1872年に陸軍省と海軍省に分離された。初代陸軍卿には長州出身の山県有朋が就任した。海軍省は薩摩閥が握ることになるが、初代海軍卿は旧幕臣の勝海舟であった。

民部省は最終的に大蔵省に吸収され、殖産興業については新設された工部省が担った。しかしその工部省も**内閣制度**が成立すると廃止され、その職務は逓信省と農商務省に分割、あるいは吸収された。1873年、**内務省**がつくられた。地方行政だけでなく土木・殖産興業・警察などを握る強大な省庁であり、**大久保利通**は内務卿として政治の権力を握ったのである。

このようにコロコロと政治組織は変わったが、1885年に内閣制度が成立すると、現在までこの制度が続いていく。

テーマ史 34

徴兵令と血税騒動

江戸時代は全人口7％程度の武士が国内の軍事をになった。このため新政府は諸藩の武士を徴発して軍事力にすることもできたが、結局、フランスのように徴兵制度をしいて**国民皆兵**を目指すことにした。この計画の中心になったのは長州出身の**大村益次郎**だったが、暗殺されてしまったため、同じく長州出身の**山県有朋**がこれを引き継いで実現した。

1872年、新政府は**徴兵告諭**を出して国民に徴兵をおこなう旨を知らせ、翌年、**徴兵令**を公布した。こうして20歳以上の男子には兵役の義務が課せられ、我が国は近代的常備軍を持つにいたった。

ただ、この制度の発足で国民皆兵が実現したと考えるのは大きな間違いだ。最初の徴兵令は免役（徴兵免除）規定が広く、身体が不自由な人や病人、犯罪者はわかるが、公務員や学生、養子や一家の主、医者、教師、議員なども免役とされた。さらに代人料として270円支払えば、やはり免除となった。そんなわけだから、兵役を負担したのは農家の次男・三男ばかりで、1876年には約30万人が兵役の対象者だったが、うち約24万人が免役となっている。8割を超えているのだ。

しかし免役規定は次第に狭くなり、病気や身体障害者のみに限られるようになった。ただ、誰だって軍隊に入りたくない。そこで仮病を装ったり、わざと病気になったり、身体を傷つけて不自由にしたりして、兵役を免がれる者が続出した。北海道と沖縄は1898年まで徴兵令が施行されなかったから、本籍を北海道・沖縄に移す者も少なくなかった。そんなわけで1889年になっても、兵役検査を受けた36万人のうち21万人が免役となっている。兵役検査を受けずに逃亡してしまう人々も、毎年数千人は下らなかった。

ちなみに徴兵告諭に「生血」とか「血税」という言葉があったため、兵にとられると血を抜かれると勘違いし、反対一揆がおこったといわれている。このため**血税一揆**（**血税騒動**）とも呼ぶが、勘違いもあったかもしれないが、一揆の要因は働き手を兵にとられることに反発したのが真相だろう。

テーマ史 35

地租改正

江戸時代の農民の税制は、基本的に米を領主（幕府・藩など）に納入するシステムだった。だが、米の収量は天候に大きく左右され毎年一定ではなかったし、各藩によって税率も大幅に異なっていた。明治政府はそのデメリットを解消するため、根本的な土地・税制改革を実施して財政を安定させようと、廃藩置県を機に動き出した。

江戸時代、農民は自由に作物をつくれなかった。土地の売買も許されなかった。それを政府は、1871年に**田畑勝手作の禁**を、翌年に**田畑永代売買の禁令**を解いて、土地を自由化した。同時に全国の地価を定め、土地の所有者に**地券**（土地所有権）を発行した。土地は、不動産として売買の対象となったのだ。

こうした準備のうえで1873年7月、政府は**地租改正条例**を出して新しい税制に切り替えた。改正作業は1880年までに山林や原野を除いてすべて終了した。

条例によって農民が収穫の一部を税として納入する年貢制度は消滅、土地所有者が地価の3%を金納することになった。これで政府の税収は収穫の豊凶に左右されることがなくなり、各藩でバラバラだった税制も統一された。

ただ、この改革は、農民にとっては改悪という面が強かった。農村が共同で使用していた入会地（山林・原野）の多くが、所有者不明ということで官有地（国の土地）に編入されてしまったからだ。また、税負担率は江戸時代とほとんど変わらず、地方によっては以前より重くなったところも少なくなかった。政府は将来的には地租を1%にまで下げると約束したが、農民は米価が下落した1876年、各地で**地租改正反対一揆**を起こした。米価の下落はそのまま金納である地租の負担増となるからだ。

政府は一揆の規模の大きさに恐れをなし、1877年、地租を2・5%に下げた。その後、議会が開設されると、衆議院で民党（政府反対派政党）は地租の軽減を求めて、さんざん内閣の予算案を攻撃して苦しめたが、日清戦争後、民党は内閣に接近、1898年の第2次山県有朋内閣のとき、軍拡の必要から地租を3・3%に引き上げることに協力したのである。

テーマ史 36

文明開化

明治政府は、国民の生活・文化の近代化を進め、欧米の生活風習や近代思想を積極的に取り入れた。この動きに民間の知識人やジャーナリズムが連動、さまざまな活動によって国民を啓発していった。このような風潮が、明治初年から明治20年代初めまで続くが、これを**文明開化**と呼んだ。

1872年12月、明治政府は欧米諸国が使用している**太陽暦**を採用、旧暦を廃止するとともに、1日を24時間とし、のちに日曜日を休日とした。ただ、農村や漁村は、農作業の手順や潮の満ち引きを知る必要から、そのまま旧暦も併用した。

風俗の洋式化は、大都市を中心に次第に広まっていった。肉やパンを食べミルクを飲み、洋服を着て靴を履く人も増えてきた。とくに牛肉・豆腐・ネギを入れて煮込んだ**牛鍋**は爆発的に流行した。ヘアースタイルもちょんまげを落としてザンギリ頭にし、西洋帽（ハット）をかぶり、**人力車**に乗って町をゆく西洋人のような紳士・淑女が現れた。銀座は大火で大きな被害を受けたが、政府はこれを機に1872年に煉瓦造りの洋風建築を多く建て、**ガス灯**をともすなど、ヨーロッパの都市のように一変させた。

思想面でも文明開化は進む。これを推進したのは、**森有礼**、西周、西村茂樹などの洋学者たちで、彼らは**明六社**を組織して『明六雑誌』を発行、自由主義、平等主義、**天賦人権論**といった欧米の近代思想をさかんに国民に紹介した。

なかでも国民にもっとも影響を与えたのが**福沢諭吉**であった。彼も明六社のメンバーで、慶應義塾をおこした教育者でもある。福沢は『西洋事情』、『文明論之概略』などの啓蒙書を次々と世に送り出していったが、『**学問のすゝめ**』はベストセラーとなり、若者に多大な影響をあたえた。「人間は平等だというが、実際は貧富の差がある。これは学問をしたかしないかによる。だから勉強をすべきだ」と学問による立身出世を説いた。これが、四民平等の世になり出世の可能性が開けた青年の心をとらえたのだろう。

しかしながら、こうした急速な文明開化の陰で、日本の伝統的文化は軽視され、昔からの風習やしきたりが多く消えていったことも忘れてはいけない。

テーマ史
37

新政府の宗教政策

新政府は祭政一致の方針をかかげ、**神祇官**を再興（1869年）したり、神道を広める宣教使（1869年）をもうけるなど、天皇の権威を国内にひろめようと、神道国教化政策をすすめた。

江戸幕府は寺請制度をもうけ、寺院を通じて人々を統治してきたが、新政府はこれを否定し、1868年、**神仏分離（神仏判然）令**を出して神社から仏像など仏教色を取りのぞかせた。これに連動し、各地で庶民による仏教弾圧の動きが吹き荒れた。御堂や石仏を破壊したり、経典や仏像を風呂や釜の焚きつけに使ったりしたのである。土佐藩では596の寺院のうち3分の2にあたる451寺が廃寺になった。こうした弾圧を**廃（排）仏毀釈**の運動という。

1870年、政府は**大教宣布の詔**を出して神道を広め国民を教化しようとし、翌1871年には伊勢神宮を頂点に、神社を官幣社、国幣社、県社、村社などと格付けする制度を整えた。しかし神道国教化は浸透せず、1872年には神祇官を廃止した。同年、教部省が設置され、そのもとに大教院（神仏合同の布教機関）を置き、神官や僧侶を教導職に任じた。神道だけでなく仏教も国民教化の手段に使う方針に改めたのだが、うまくいかなかった。

対して天理教、金光教、黒住教など、江戸後期から幕末に誕生した民間の**教派神道**（神道系の新興宗教）は多くの信者を獲得していった。政府は当初、教派神道を弾圧したが、神道国教化をあきらめたころから公認していった。

廃仏毀釈で大打撃をうけた仏教界だが、国民の信頼を回復しようと仏教革新運動が展開された。浄土真宗の僧である**島地黙雷**は政教分離を主張し、政府の神道国教化に反対、信教の自由などを主張し、仏教を近代化に適応できるようにしようとした。

五榜の掲示で禁止されたキリスト教だが、欧米諸国が非難したので、政府は1873年、キリシタン禁制の高札を撤廃して、キリスト教を黙認した。

すでに開国後から来日したキリスト教の宣教師たちが教育や医療行為をおこなっていたが、以後、積極的に布教もはじめ、教育・社会福祉運動によって多数の信者を獲得していった。

知恵の森
KOBUNSHA

日本史《にほんし》は逆《ぎゃく》から学《まな》べ　近現代史《きんげんだいし》集中講義《しゅうちゅうこうぎ》

著　者―河合　敦（かわい あつし）

2018年　11月20日　初版1刷発行
2020年　2月15日　　3刷発行

発行者―田邉浩司
組　版―萩原印刷
印刷所―萩原印刷
製本所―ナショナル製本
発行所―株式会社 光文社
東京都文京区音羽1-16-6 〒112-8011
電　話―編集部(03)5395-8282
書籍販売部(03)5395-8116
業務部(03)5395-8125
メール―chie@kobunsha.com

落丁本・乱丁本は業務部でお取替えいたします。
ISBN978-4-334-78755-4　Printed in Japan